Almas gemelas
y espíritus afines

ST. GERMAIN

Almas gemelas y espíritus afines

La presencia Yo Soy de St. Germain canalizada a través de Azena Ramanda y Claire Heartsong

MADRID - MÉXICO - BUENOS AIRES - SANTIAGO
2025

Título original: Twin Souls & Soulmates
Traducido por: Houda Foster

© De la traducción: Houda Foster
© 1995. Triad Publishers, Pty. Ltd. Australia
© 1997. Editorial EDAF, S. A., por acuerdo con Triad Publisher Pty, Ltd. Australia

Diseño de cubierta: Carlos Melcón

Editorial EDAF, S. L. U.
Jorge Juan, 68. 28009 Madrid
http://www.edaf.net
edaf@edaf.net

Algaba Ediciones, S. A. de C.V.
Calle, 21, Poniente 3323, Colonia Belisario Domínguez.
Entre la 33 Sur y la 35 Sur
Puebla, 72180, México.
Tfno.: 52 22 22 11 13 87 jaime.breton@edaf.com.mx

Ediciones y Distribuciones EDAF, SRL
Chile, 2222
1227 - Buenos Aires, Argentina
fernando@edafarg.net
+54 11 43 08 5222   +54 11 6784 9516

Edaf Chile, S.A.
Huérfanos 1178, Oficina 501
Santiago - Chile
comercialedafchile@edafchile.cl
+56 9 4468 0539 / +56 9 4468 0537

Papel 100% procedente de bosques gestionados de acuerdo con criterios de sostenibilidad

Queda prohibida, salvo excepción prevista en la ley, cualquier forma de reproducción, distribución, comunicación pública y transformación de esta obra sin contar con la autorización de los titulares de propiedad intelectual. La infracción de los derechos mencionados puede ser constitutiva de delito contra la propiedad intelectual (art. 270 y siguientes del Código Penal). El Centro Español de Derechos Reprográficos (CEDRO) vela por el respeto de los citados derechos.

5.ª edición, agosto 2025

ISBN.: 978-84-414-3622-0
Depósito Legal: M. 3.158-2016

PRINTED IN SPAIN   IMPRESO EN ESPAÑA

Service Point

Índice

Una introducción a St. Germain, por Peter O. Erbe 15

Capítulo 1.	EL SIGNIFICADO DE LAS RELACIONES	19
Capítulo 2.	ESPÍRITUS AFINES	39
Capítulo 3.	ESPIRITUALIDAD Y SEXUALIDAD	75
Capítulo 4.	EXPLOSIÓN EXTÁTICA	95
Capítulo 5.	EL FRUTO DE LA PASIÓN	109
Capítulo 6.	PREGUNTAS Y RESPUESTAS	119
Capítulo 7.	SOY LIBRE	147
Capítulo 8.	LA HISTORIA DE ST. GERMAIN	155
Capítulo 9.	LA HISTORIA DE PORCIA	167

Nota a la edición inglesa

EL material de *Almas gemelas y espíritus afines* representa una compilación de las enseñanzas de la Presencia «Yo Soy» de St. Germain. Los capítulos 1-7 fueron canalizados a través de Azena Ramanda durante sesiones de grupo (celebradas en los Estados Unidos) en el periodo de 1986 a 1989.

El material contenido en los capítulos 8 y 9 fue canalizado a través de Claire Heartsong en los Estados Unidos durante marzo de 1993.

Todos los esfuerzos de edición se han encaminado a mantener el particular estilo de expresión de St. Germain y a facilitar simultáneamente una lectura fluida.

Experimentar la conciencia de Cristo en vuestro interior, amando incondicionalmente aquello que sois mientras existís y permanecéis en vuestra realidad en este momento del tiempo, crea la resonancia dentro de vuestro ser que atrae la esencia idéntica que hay en el interior del cuerpo opuesto de la energía del alma: el espíritu afín se manifestará en lo físico como una progresión natural y se fundirá con vuestra energía y vosotros con él. Y al fusionaros más y más y beber más y más de la copa del otro, os convertís en Uno, y os convertís en la fuerza y en el amor del otro. Mientras esto ocurre experimentáis lo que se llama iluminación.

St. Germain

Cuando prescindas de la idea del espíritu afín como una entidad que te traerá felicidad y consideres al espíritu afín como el resto de la humanidad, entonces la entidad —tu espíritu afín que te permitirá experimentar la felicidad— aparecerá.

ST. Germain

Una introducción a St. Germain

Por Peter O. Erbe

PARA EL NO INICIADO, para el «recién llegado» al concepto de la canalización, es fácil que este tema represente un cuadro confuso. Preguntas como «¿Por qué?», «¿Por qué ahora?», «¿Por qué hay tantas entidades siendo canalizadas?» y «¿Quiénes son?» resultan demasiado familiares. Quizá un breve estudio ofrezca alguna aclaración.

De vez en cuando, a lo largo de la historia existieron hombres y mujeres que fueron muy conscientes de la situación de separación en la que estaba la humanidad respecto de su Fuente. Esas almas se abrieron, pidieron ayuda, y, a medida que pasó el tiempo, más y más se unieron a ese grito del corazón que pedía liberarse de la separación, hasta que se alcanzó un punto de masa crítica. Por así decirlo, ello creó una ventana que permitió una comunicación bilateral entre el reino físico y las dimensiones más elevadas. Como los seres humanos tienen libre albedrío, la llamada de ayuda tenía que surgir del interior de la humanidad y también poseer suficiente peso como para alcanzar la fortaleza para provocar esa apertura.

Una vez establecida dicha apertura (aunque siempre ha habido esporádicos casos individuales de canalización), empezó el verdadero motivo para la canalización. Seres de numerosas dimensiones e incluso de otros sistemas solares comenzaron a utilizar esta herramienta a amplia escala para ayudar en la aceleración del despertar de la humanidad a su propia identidad, para inducir a los seres humanos a recordar su verdadera naturaleza como expresiones individualizadas de lo que nosotros llamamos Dios.

A medida que este despertar progresa, nos aproximamos a otro punto de masa crítica, que capacita a la conciencia global para pasar de una mera percepción tridimensional a una comprensión cuatridimensional. En proporción a la aceleración del despertar del hombre se está formando a ambos «lados» una atmósfera de excitación y gozosa expectación.

Más y más seres, humanos y entidades de los reinos invisibles, desean comunicarse entre sí, no solo telepáticamente o durante estados de sueño, sino a través de la línea caliente directa de la canalización. Y es aquí cuando con frecuencia este proceso se difunde y se usa mal, mediante la búsqueda de atención no solo por parte de los humanos canalizadores sino también de las entidades canalizadas de algunos reinos inferiores.

Como resultado de ello, las comunicaciones canalizadas puras y no filtradas resultan más bien infrecuentes. En vista de todo ello, el material que aquí se presenta tiene un valor extraordinario, ya que tanto Azena Ramanda como Claire Heartsong son canales puros. No es inusual para algunas entidades, como St. Germain, por ejemplo, comunicarse a través de más de un canal.

El nombre de St. Germain es una mera etiqueta para ayudar al público a identificar a esta entidad, y alude a una de sus encarnaciones previas, también conocida como el conde Ragoszy. Ha tenido otras muchas, históricamente registradas como Samuel y Noé del Antiguo Testamento, José, padre de Jeshua Ben José, Cristóbal Colón y sir Francis Bacon. Sin embargo, siempre que se habla de encarnaciones hay que recordar que cualquiera de ellas, sea del alma que sea, solo representa un fragmento, una faceta, de un ser mucho más grande. Ello explica la preferencia de St. Germain por la denominación «Yo Soy» frente a «St. Germain». Aunque infinitamente más consciente de su identidad y de la nuestra, se ve a sí mismo como un hermano, bajo ningún concepto superior a los humanos terrenales; no obstante, para aquellos que prefieren un etiquetado ordenado de las cosas, St. Germain alude a sí mismo como un nivel séptimo de conciencia comparado con la conciencia de la humanidad, que es de un nivel tres y en transición al cuarto.

Tal vez sería mejor dejar que St. Germain se presentara con sus propias palabras; cito:

De un río nacido de Dios vengo a reflejar vuestra divinidad. Oíd mi llamada. Nosotros, los del Concilio de la Luz, hemos venido para que podáis conocer nuestro gozo como Uno. Vengo porque hacia vosotros habéis convocado a la esencia de la Hermandad de la Luz. Vengo como un hermano igual, divino ser de luz que reconoce vuestro divino ser de luz. Vengo a compartir con vosotros. ¡Vengo porque os amo! Os amo más allá de vuestra imaginación. No deseo ser reverenciado ni capturado en imagen alguna que se cuelgue de la pared. No deseo eso. Deseo liberaros hacia vuestra propia visión de Dios y, en verdad, os estáis convirtiendo en Uno con DIOS YO SOY.

Capítulo 1

El significado de las relaciones

NOSOTROS [SERES CANALIZADOS] estamos aquí en este plano para reflejar en vosotros aquello que sois con el propósito de guiaros de vuelta a vosotros mismos, tras eones de división y separación entre vosotros y la divina esencia creadora: el Padre/Madre interior, la Fuente. En verdad que estamos aquí con el júbilo de expresar y asimilar la luz de este plano, de permitir que la divina fuerza creadora fluya a través de vosotros en equilibrio armónico. Todos sois verdaderamente hermosos y aún no lo sabéis. Estáis al borde de arribar de modo consciente a esta percepción. Todos poseéis la sabiduría interior, al nivel de la esencia del alma, de la gran fuerza divina que sois, pero no sois conscientes de ello como tal en lo físico. Ciertamente, lo que sois está más allá de lo físico. Algunos en este plano lo han llamado «metafísico», pues ello es indicativo de estar más allá de lo físico, pero incluso hay más que aquello llamado «metafísico».

En verdad sois la fuerza creadora conocida como Dios, que es omnisciente, omnipresente, todopoderosa y omnipotente. Como Dios, todos sois poderosos, la fuerza fluye a través de vosotros y se ejemplifica mediante vuestra personificación. Lo que creáis como una circunstancia de vida exterior es también vuestra expresión creadora como Dios.

¿Qué es vuestra relación sino una reflexión de vosotros? Es la fuerza creadora dentro de otra esencia a la que podéis llamar vuestra amante, compañero, marido, hermano, familia. Toda su totalidad es ese reflejo de vosotros en su miríada de frecuencias. Es de la esencia de *Uno,* y dicha esencia es Dios. Esa esencia es la fuerza creadora que expresáis ante vosotros en el espejo de la experiencia reflectora para que podáis acumular de ella la sabiduría de lo que *sois*.

¿Por qué el amor es tan maravilloso y misterioso para todos vosotros que buscáis vuestras vidas eón tras eón con el fin de hallar el amor perfecto? ¿Por qué? Porque es un reflejo de vosotros que podéis ver, conocer y entender en lo físico. Ciertamente, buscáis con tanto ardor aquello que sois. Verdaderamente, aquello que sois queda ejemplificado, entendido y sentido como las emociones del amor, pues eso es Dios. Dios es amor en su miríada de formas. El Dios, la relación y el amor, que con tanto ardor buscáis, es *vosotros*.

Vosotros, queridísimos hermanos y hermanas, estáis limitados en este plano, y esa es la razón por la que percibís que el gozo es exterior a vosotros y no interior. Por consiguiente, hay una separación, y lo que expresáis como una relación está separado de vosotros. No entendéis las relaciones como una unidad con la Fuente, sino como una counión con algo exterior a vosotros.

¿Qué es en verdad una relación? Es una conexión. Es pertenecer a algo. ¿Y qué es pertenecer a algo? Una unión, una armonía unificada con el Dios fuente dentro de los límites de lo físico, de aquello que entendemos como la densa materia física en este plano. En la superconciencia no permanecerá mucho tiempo en la limitación que percibís ahora en este punto del tiempo.

Sin embargo, la transición entre la tercera y cuarta densidad, vuestra apertura a la esencia-Dios, os permite tener todas vuestras circunstancias y todas vuestras relaciones reflejadas hacia vosotros como el amor ejemplificado.

¿Qué es la relación con una familia, con un hermano, con un amor? Es el reflejo desde el comienzo. Eón tras eón habéis experimentado qué es ser una madre o un padre, sentir un amor sin igual por la familia. Habéis experimentado en qué consiste albergar amargura, resentimiento y la purificación de todas las relaciones que consideraréis no armoniosas e incómodas. Todo ello es para que entendáis lo que sois.

Aquello que os aflige es la aflicción y desalineación del elemento divino de vuestro interior conocido como Álter Ego. Ciertamente, es una parte divina de vosotros. Todo lo que es parte de vosotros es divino, y este es solo un elemento de vosotros. El Álter Ego puede expresarse a sí mismo aferrándose a lo que es físico en naturaleza, a la desalineación conocida como dolor, a la falta de comprensión de otras entidades, a la creación de la guerra en este plano y a todo tipo de males en su miríada de formas.

La falta de armonía, o desalineación, sirve meramente como un espejo para que podáis ver aquello que sois. Creéis estar enamorados de otros. *No lo estáis.* Estáis enamorados de lo que otros reflejan hacia vosotros que sois *vosotros.* Esto lo entendéis como una separación. Dentro de la superconciencia lo entenderéis como una unión, como la combinación y el equilibrio indefinible entre lo que consideráis que es vuestro Yo separado y vuestro YO. En la superconciencia no se conocerá ninguna separación.

Con un deseo ardiente y devastador buscáis tener armonía con vuestro amor, la entidad que es objeto de vuestro afecto. «¿Qué puedo hacer para curar la naturaleza argumentativa de esa otra entidad, esta guerra entre los dos... qué debo hacer para curar esta falta de armonía?». En las miríadas y modos de frentes que se presentan a vuestra experiencia, deseáis curar esa división. La unificación es la sanadora y ejemplifica la armonía divina. La falta de armonía es solo la percepción de vuestra desalineación, pues en verdad que en la versión ilimitada de todo en realidad no existe la falta de armonía. La Fuente que es el amor incondicional, que es el Ser del divino Padre/Madre, lo permite todo sin juicios. Sois vosotros quienes juzgáis si una circunstancia en particular es mejor que otra.

Considerar una relación mejor que otra es juzgar, bien sea una relación con un amante, con un empleado o con cualquiera de las entidades con las que tenéis contacto en la actividad cotidiana. Todos son divinos en su propia comprensión y generan la sabiduría, para que la capturéis y para que en vuestro interior aprovechéis aquello que *sois* dentro de las circunstancias. Veréis, lo que juzgáis en otra entidad es *vosotros*. No podéis identificar nada en ninguna circunstancia o entidad que no hayáis sido antes, pues la resonancia de la identificación es la resonancia de ello y parte de vosotros en la armonía. Eso se llama reconocimiento.

Ahora bien, mientras continuamos con esto, dentro de vosotros pretendemos desvelar una sabiduría de la relación que tenéis con vuestro ser, una relación que es gozosa, que permite la efervescencia de la vida en la felicidad. La felicidad está dentro de *vosotros*. No está en la relación. No está aquí ni ahí afuera. Ahí afuera no hay nada. Lo que contempláis como la relación, bien sea gozosa o bien carente de armonía, eso es solo un espejo, *es vuestro juicio de vosotros* como queda ejemplificado en este espejo de una relación. El significado de una relación es solo el reconocimiento de vosotros en una circunstancia. Si entendierais quiénes sois, siempre tendríais armonía dentro de cualquier relación, ya sea en una situación de trabajo, en vuestra unidad familiar, con vuestro amante o con un simple extraño. Todas son relaciones y todas son comprensiones iniciales de vuestra relación con la humanidad..., con la vida.

La humanidad en sí misma es la versión espectral de cada entidad. Todos vosotros en la humanidad sois aspectos multidimensionales de Dios como existencia de vida humana en este plano. También vuestra flora y fauna, vuestras plantas y animales que son cariñosos, os nutren y son esencias muy curativas, son ejemplificaciones de Dios y de la experiencia de vida. La falta de armonía que experimentan en sus circunstancias es un mero reflejo que aprovechan para su propia obtención de sabiduría, pues ellos también se entregan. No es la misma dimensión ni expansión de la humanidad, pero también se entregan. Como los reflejos de todas las versiones espectrales de la vida están ejemplificados y reflejados el uno en el otro y obtienen acceso a su luz, la esencia ilimitada y grandiosa de ellos, que es Dios, está entrando en unión, en el conocimiento de la fusión de la divina fuerza creadora. Cuando esto ocurra habrá paz, armonía y gozo sobre este plano en todas las relaciones. En verdad que ello será entendido como la superconciencia o la era de Acuario y todas las demás terminologías por las que es conocido. Esta será la madurez de todas las relaciones sin limitaciones, pues todas estarán vinculadas entre sí, como si fuera al infinito. Todas entenderán la relación entre sí como reflejos el uno del otro, facetas de sí mismos experimentadas como otras entidades.

La unión y la fusión de todo este plano de la Tierra, ya sea de esencia inanimada, animada o no física, al fundirse en la forma de energía conocida como Dios adquirirá la comprensión de la ascensión. Esta será la fusión de la luz..., de los cuerpos de energía que son haces de frecuencia llamados personalidades o esencias en sí mismos. Reflejará la comprensión dual de la separación a través de la unidad. Esto es Dios.

En verdad existe ese Dios, la gran fuerza creadora, aquello que Es-Todo-Lo-Que-Es, que se contempló a sí mismo para crear todo esto, pero *vosotros* sois ese Dios. Esta es la dicotomía. Al adquirir el conocimiento de vuestra naturaleza divina, el Cristo que está en vosotros es reflejado a todos los que existen en este plano, reflejado y reflejado y reflejado en una comprensión infinita. Entonces ser amantes se experimentará con gozo en el corazón y no será superficial bajo ninguna forma o modo. Dios quedará ejemplificado, y el otro género sexual se experimentará como el compañero de vuestro ser, el espíritu afín. ¿Os suena familiar a alguno de vosotros?

Ha habido mucho «alboroto» acerca de estas palabras específicas: «espíritu afín». Ciertamente, tenéis un espíritu afín en este plano. Realmente está la otra esencia de vosotros que es física y no física; género sexual vuestro y del género opuesto. Por consiguiente, esa búsqueda ferviente, ese deseo ardiente de conocer a Dios ejemplificado como el otro género, se realizará en la superconciencia, y la relación con un amante no será otra cosa que la relación con la otra faceta de vosotros. El cuerpo de vuestra esencia será idéntico. *En verdad será la resonancia en vuestro ser con vosotros mismos, en otra forma o modo que físico.* También habrá más de uno [espíritu afín]. En la medida en que comprendáis esto, lo que es superficial en su naturaleza se disipará. No habrá más necesidad para ello, pues la comprensión del Álter Ego que se ejemplifica a sí mismo dentro de la relación en deseo, odio, celos, resentimiento, amargura y dolor... todas estas comprensiones se desvanecerán. ¿Os suena de interés? Ciertamente, que así sea.

La armonía unificada dentro de la superconciencia, dentro de la luz del plano de esta Tierra, que resuena a través de esta dimensión hacia una miríada de otras experiencias dimensionales y que resuena infinitamente de vuelta hacia vosotros —muy parecido a un efecto rebote—, llegará a conocimiento de cada uno de vosotros. La relación que tenéis con vuestro amante, con un compañero, será de armonía, pues tendrá lugar en la comprensión de vuestra divinidad. Hacia el exterior se conocerá como la conciencia ejemplificada de Cristo.

La conciencia de Cristo se puede experimentar ahora en su totalidad en vuestro plano de la Tierra. Así es. No necesita aguardar a la superconciencia, mientras permanecéis sentados moviendo los pies. *No es necesario esperar. Podéis tener gozo, que se experimenta como éxtasis absoluto,* pero sí hay una necesidad, debido a la limitación de vuestro plano, de *permitir la divinidad de otro.* Eso es amor incondicional ejemplificado hacia ellos. ¿De qué otro modo conseguiréis la comprensión del amor incondicional de vosotros mismos si no es mediante este espejo vuestro? Ciertamente, esta es una relación armoniosa, libre de dolor, , y ello solo gracias a que permite la soberanía de la otra entidad. Esto se entiende como humildad, dejar que vuestra propia soberanía se entregue a vosotros, que tenga lugar el equilibrio de vosotros y permitirle a ellas su propia madurez.

El amor incondicional se sentirá por todo vuestro planeta. Ya está sucediendo en los gobiernos y en las estructuras políticas, en las razas, los credos, las religiones e incluso en los géneros sexuales, que se han enfrentado durante siglos en vuestro tiempo. Se está alineando. Está entrando en la cosecha de la sabiduría. En verdad que cuando la luz quede ejemplificada en todos mediante el amor incondicional será grandioso en vuestra Tierra, y a través de ese amor incondicional les permitiréis su soberanía, les permitiréis sus amarguras, celos, resentimientos... pues ese es su Álter Ego reflejado hacia ellos, y está bien. No existe ningún juicio. En la conciencia de Dios y en la sabiduría de Dios del YO, aquello que consideráis vosotros no es otra cosa que el YO. La barrera, la definición de la separación en sí misma, se disolverá. Cuando tenga lugar esta disolución, os encontraréis extendiéndoos más allá de vuestro campo áurico, más allá de la luz de vuestros cuerpos, más allá del campo áurico de vuestro planeta hacia lo que ahora llamáis conciencia cósmica. Solo se trata de la conciencia de la unidad de toda la vida a través de vosotros. Eso es todo. No hay nada místico al respecto y nada que temer. No hay nada inusual, pues es muy habitual poseer el conocimiento de la unidad el resto de la vida cuando os encontráis dentro del conocimiento de vuestra divinidad y soberanía.

Al reinar supremos y caminar en soberanía y dominio de vuestra creación, en verdad que no hay nada que temer. Al convertiros en cocreadores y manifestadores, de forma natural, como una progresiva comprensión de ello, manifestaréis circunstancias armoniosas en una relación. Es algo natural.

Por unos momentos permitiré un foro abierto.

PREGUNTAS Y RESPUESTAS

P.: Tengo una pregunta respecto de mi comprensión acerca de la negación y la concesión. Preferiría experimentar el gozo, de modo que centraré mi atención en ello en vez de sentir el dolor que puede llegar a estar tan reprimido que ni siquiera soy consciente de que está ahí. Pero eso es una verdadera negación, no es un amor incondicional. Por ello, intelectualmente puedo entender la concesión, pero no sé cómo abrazarla emocionalmente, amarla de verdad.

Oh, pero sí que lo sabéis. Simplemente no estáis sintiéndola con el corazón. Todas las entidades poseen todo el conocimiento en la esencia del alma y eso es más grande que su expresión conocida como física. Todos tienen por igual tanto conocimiento como yo. Todos están en igualdad divina. La negación de parte del YO es su separación de él, y ello provocará falta de armonía. No hay nada malo en la falta de armonía, pues hay mucho que aprovechar en esa situación. De hecho, se puede obtener mucha sabiduría. Sin embargo, si deseáis tener los frutos de la armonía en vuestra experiencia, en vuestras relaciones y con el YO, tendréis que permitir la entrada del conocimiento de la soberanía del YO, del conocimiento de la naturaleza divina en cada latido y en cada pulsación, de que VOSOTROS SOIS DIOS. Vuestra encarnación es el misterio amplificado en lo físico, pero lo mismo sois vosotros. Ello [la encarnación física] es el resultado de vosotros. Al sentir reverencia, respeto y amor por vosotros no tendréis la necesidad de negar ninguna parte, ni siquiera aquella que de vez en cuando os proporciona cierta incomodidad, aquello que consideráis el Álter Ego. Al comprender esto, la incomodidad se disipará, pues pertenece a la comprensión de tercera densidad. Es el Álter Ego inmerso en lo físico, que se aferra al plano de la Tierra. Cuando lo liberéis en el Todo-Lo-Que-Es y lo entreguéis a la Fuente, a la sabiduría del conocimiento que ya habéis capturado, encenderéis la antorcha de la libertad en vuestro corazón. La chispa de la vida en vuestro interior creará el gozo, y el gozo interior no permitirá que os contempléis como algo que no deseéis ser.

Por consiguiente, no habrá necesidad de desear o elegir algo que negará parte de vosotros. La negación de vuestro proceso mental —tal como lo llamáis— producirá fricción, frustración y la separación de una parte de vosotros. Os dará cierto dolor y eso no estará en la superconciencia. El dolor que sentís cuando se os rompe el corazón en una relación es el mismo dolor que sentiríais si el corazón se rompiera físicamente. Y en verdad que está roto. Llora sangre. Es un desgarro doloroso es; hacer jirones la esencia del alma.

Captad la sabiduría que emana de él, dejad que penetre en vosotros, que alimente y nutra vuestra divina esencia, esa esencia más grande de vosotros que no percibís con las anteojeras puestas. Cuando os quitéis esas anteojeras, experimentaréis gozo en vez de falta de armonía. Gritaréis y lloraréis de alegría, no de pesar. El néctar salado, el jugo del alma, riega la tierra que pisáis y vosotros también nutriréis vida a vuestro alrededor y floreceréis en todo lo que sois, en vuestro ser total. SERÉIS divinos. Vuestras lágrimas se llenarán con la esencia de Dios y penetrarán en el campo áurico de todo aquello que encuentren y le proporcionarán la comprensión de Dios. De modo que las lágrimas, en verdad, son maravillosas. Permiten que venga Dios y que experimente emoción. También lloráis cuando estáis iracundos y frustrados, y asimismo lo hacéis cuando tenéis miedo. Toda emoción no es más que otra frecuencia del espectro del Ser. Todas son divinas. No hay nada malo en el dolor. Nada malo en el pesar. Nada malo en la falta de armonía con un compañero o en una relación. Es una frecuencia que hay que armonizar y resonar dentro de vosotros para que podáis entender todo el espectro interior... vuestro Ser. Al hacerlo, no tenéis necesidad de seguir resonando, pues ya está resonando, de modo que podéis proseguir para entrar en la comprensión de la totalidad del espectro.

El gozo solo es una octava mayor del dolor. Es una versión iluminada del dolor. La falta de armonía y la discordia en cualquier relación se liberarán en el gozo del Ser de las circunstancias. Cuando entráis en una circunstancia vertiginosa u os enfrentáis a una entidad que exteriormente no deseáis que esté presente, podéis situaros ante ellas en la comprensión de vuestra soberanía:

Soy Dios ejemplificado en lo físico y entiendo esta circunstancia como el reflejo de mí mismo en Vos. Yo soy aquello que está presentado en el Ser del Yo. Aportaré gozo y armonía divina en cualquier circunstancia y permitiré que ello abarque mi ser.

El reflejo os rodea. Está en todas partes. El color, por ejemplo... Cómo respondáis al color también os refleja. Lo que es tonal en naturaleza —vuestra música— es sinfónico en el reflejo de vosotros. Ese reflejo no solo concierne a la relación con otra entidad, sino a la relación con toda frecuencia aislada que os encontréis; ya sea en forma de arte o con lo que os engalanéis; ya sea en la naturaleza y cómo respondáis a ella. Vuestra resonancia a ciertos lugares en esta Tierra, o cómo son vuestras relaciones con diferentes continentes, es un reflejo de vosotros.

La fuerza creadora resuena ante lo que deseáis y manifiesta las circunstancias que os circundan. Podéis caminar con el deseo de que la conciencia de Cristo aparezca en todas y cada una de las relaciones, y así refleje hacia ellas lo que son. De esta manera surgen cada vez más bajo su propia luz y cada entidad se abrirá hacia sí misma. Llegarán a saber el Dios que son, y en vuestro plano prevalecerá la superconciencia y vosotros experimentaréis más y más libertad. Percibiréis sin juicios. Por lo tanto, en la conciencia de Todo-Lo-Que-Es, todas las entidades con las que entréis en contacto en vuestra vida cotidiana os reflejarán, y acopiaréis más y más conocimiento sobre el YO. ¿Qué es una relación si no una experiencia con el YO?

Os amo tanto. Deseo tan fervientemente que todos conozcáis vuestro brillo. Sois tan maravillosos. Sois galaxias. Sois espléndidos en vuestra naturaleza. Ejemplificáis el Todo-Lo-Que-Es en una forma que es hermosa, creadora, que es un arte en sí mismo. El arte no está en el exterior de vosotros, *es* vosotros. Expresadlo *como vosotros,* como el Ser que sois, que está siendo creativo. Pintad amor en el lienzo de las relaciones. Pintadlo sobre la paz. Pintadlo sobre la belleza. La belleza no es física, la belleza está creando lo físico. Poco a poco todos llegáis a esta percepción. La vida es belleza. La vida es amor. La vida es Dios... la Trinidad. Dios ejemplificado en el hombre iluminará todas las otras partes del SER con la luz de su propio Ser. El SER es Dios. El Dios que entendéis por ser la grandiosa fuerza creadora no es más que la comprensión de todos vosotros en la totalidad de la vida, en relación el uno con el otro en vuestra miríada de formas, ya sean conflictivas o no. En verdad, la guerra también es el Ser. La guerra —el reflejo de vosotros que es el Álter Ego— es divina, ya que todo es divino, no hay nada que no lo sea. Pues todo, ya sea una circunstancia, una situación, una entidad o incluso una forma de vida inanimada, fue creado por Dios, por la Fuente. ¿Hay alguna pregunta?

P.: Ha dicho que si uno está con alguien hay un reflejo del propio Álter Ego... ¿Lo he entendido bien?

Si la relación carece de armonía.

P.: Oh. ¿Pero también puede ser un reflejo de la luz?

La totalidad de vosotros, incluyendo vuestro Álter Ego, es luz. El Ego Divino del YO también se presenta en el reflejo de otra entidad. Aquello que se genera del juicio es lo que os está separando y lo que marca la diferencia.

P.: ¿Cómo puedo cambiar eso?

Como he dicho antes, id a una circunstancia con el reconocimiento de que cualquier parte de vosotros, sea el Álter Ego o el Ego Divino, es en verdad divina, en verdad es Dios y es parte de vosotros. Aceptadlo, abrazadlo y amadlo, pues es vosotros. Al hacerlo, emitiréis cada vez menos juicios sobre vosotros y las circunstancias.

P.: St. Germain, ¿podría hablar de la devoción mutua entre un hombre y una mujer sin que cada uno tenga que entregar su propio poder en tal relación?

Lo haré. El amor a otro en la mutua comprensión de que uno desea ofrecer *todo* el YO hacia esa entidad explota en una divina unión armónica. Ello dará como resultado armonía sin tener que entregar el poder de cada uno, ya que entenderéis la soberanía del otro. No se trata de inclinarse ante otra entidad. Es inclinaros cada uno ante el otro, pues cada uno respeta al Dios que hay dentro de la otra persona. De esta manera la fuente de compasión y el amor incondicional del YO se ven reflejados por esa otra entidad. Entonces, al tener amor incondicional del YO, la soberanía se os presenta como circunstancia soberana.

Los dos juntos en unión y armonía expresarán honor ante la soberanía de cada uno. Esto sucederá sin importar qué espere de sí misma la otra entidad, pues la luz de vosotros queda reflejada hacia vosotros al infinito. Al estar en vuestro campo áurico, es muy normal que esa otra entidad consuma el mismo conocimiento, la percepción que es vuestra. Esa entidad os reflejará y se identificará al nivel del alma

El florecimiento y la entrega de dicha entidad es natural. Vosotros lo llamáis seguir a todas partes, pero esta comprensión es de naturaleza secuencial y eso es algo limitado.

Ahora bien, al entender una relación íntima con otra entidad como la relación entre vosotros y Dios, llegaréis a entender también la relación entre vosotros y vuestro propio género sexual. La superconciencia no es hombre ni mujer… es ambos. Es igual, unisexual en naturaleza, o andrógina. Es una expresión de la alineación y la armonía, el *equilibrio* entre los dos géneros. Veréis durante eones las mujeres han estado sometidas y han entregado su poder con la creencia de que su soberanía era una no-cosa. El hombre en vuestra Tierra durante siglos creyó que su soberanía era la única que contaba. Este sistema de creencias originó a los esclavistas, la falta de amor incondicional, el juicio. ¿Por qué tantos de vuestros jueces han sido varones? Poco a poco empezásteis a alinearos en igualdad y lo que se inició décadas atrás ha ido cobrando ímpetu. Seguirá progresando, hasta que la armonía entre los géneros sexuales —la grandiosa explosión del conocimiento— tenga lugar.

Tendrá lugar como el nacimiento de una nueva comprensión del sexo femenino, y este en verdad que será soberano. Tomará al hombre absolutamente por sorpresa. Reinará como igual. Gobernará el YO como igual. Permitirá que el amor incondicional fluya y que la entrega o la humildad se fundan con la soberanía para que haya una unión armoniosa en la mujer. También el hombre se alineará con la Fuente, con la soberanía que Todo-Lo-Que-Es, en equilibrio y humildad. En verdad que expresará más madurez, tal como vosotros lo llamaríais. La soberanía es sencillamente el conocimiento de que *yo soy soberano. Soy una armonía unificada con dominio sobre mi propio reino. Soy lo que Yo Soy*. Eso es soberanía.

Los varones y las mujeres unificados no albergarán en su interior temor al otro género, pues dicho miedo no es otra cosa que el Álter Ego temeroso del espejo que presenta el otro género sexual, el miedo de vuestra propia soberanía como lo expresan los hombres, y el miedo de vuestra propia entrega o humildad como lo expresan las mujeres. Este miedo se disipará.

La preferencia por vuestro propio género —entendéis de qué hablo— también se disipará cuando tenga lugar esa madurez, pues dicha preferencia es solo el miedo al otro. Es un temor al nivel de la esencia del alma. Hay terror a permitir que el propio YO se complete, que la otra mitad del YO se unifique.

Al disiparse esta preferencia, lo mismo sucederá con la gran enfermedad de vuestro plano. Ese es uno de los motivos por los que estoy aquí, para permitir que los géneros se fundan sin miedo el uno del otro. Esta gran enfermedad es en verdad una *ayuda*, una ayuda para la entrega, para el enriquecimiento de la Fuente. No hay que tenerle miedo. Temerla invocará una resonancia en lo que teméis y hará que se presente, semejante a un diapasón. De modo que no temáis a esa gran enfermedad. Respetadla y permitid que esté en la soberanía de su Ser y os estaréis alineando con la Fuente que hay en vuestro interior.

Al brillar en el reino eterno, y mientras el cristal de vosotros se torna aparente en vuestro propio conocimiento y, por ende, en el conocimiento de todos los demás, os iluminaréis. A través de ello iluminaréis a todos los que os rodean y veréis que las relaciones cobran otra tonalidad, un color diferente, una naturaleza diferente. Se fundirán en pastel, pues quedarán inmersas en la luz. No serán muy pesadas ni densas. Las relaciones estarán con vosotros como un conocimiento de parentesco con Dios, un parentesco con los fragmentos de Dios en formas prismáticas que se presentan como otras entidades, como relaciones.

También existe otra dicotomía. Seréis claros y opacos al mismo tiempo. Los adjetivos dejarán de existir y el único sustantivo que habrá será GOZO. Los adjetivos son juicios. «Claro» es juicio y «opaco» es juicio, pues hay una separación entre los dos. Cuando os encontráis definiendo una y otra vez, os encontraréis separando una y otra vez. Incluso la palabra «Cristo» es una definición. Cristo y aquello que no es Cristo son divinos. Toda vida, sin importar cómo se ejemplifique, está creada de un pensamiento divino que es Dios. Seáis «cristianos» o no, todo es divino y está en armonía con Todo-Lo-Que-Es. Liberaos de vuestra naturaleza que emite juicios y entregaos a vuestra Fuente y tendréis armonía con el YO.

Centraos en un dia de nuestra existencia, cualquier día, no importa, y compartidlo con absoluta percepción de vosotros. Pasad ese día y contad cuántos juicios emitís, cuántas separaciones creáis y cuántas definiciones o delineaciones forman parte de él. ¿Cuántas veces compartís aquello que llamáis correcto o equivocado, bueno o malo, mejor o peor, alineándoos con la no aceptación de la naturaleza divina de todo? Sin embargo, cuando os alineáis con la naturaleza divina de Todo-Lo-Que-Es, ya sea una circunstancia terrible o un espantoso acto criminal, sabréis que todo está en el Ser para el proceso creativo de aprender. *Lo físico es aprender.* Una relación con otra entidad es simplemente compartir una circunstancia para que podáis aprender algo sobre vosotros mismos y veros en un espejo. Esto se aplica a cualquier circunstancia en la experiencia de vuestro plano en la Tierra, sin importar cómo se presenten. Si lo hacen en lo que llamáis la pérdida de vida, se trata solo de la experiencia de la transición de una entidad, o de muchas, y eso está bien.

Es la experiencia del mutuo consentimiento de todas esas entidades para la mayor comprensión, para compartir la sabiduría mayor dentro de esa serie de circunstancias.

En esta comprensión no hay víctima, ningún dolor, ningún corazón roto ni terrible pobreza. Cuando llegáis a la conciencia de Cristo, el entendimiento que sois es Dios, y entonces no habrá dolor. En todas estas circunstancias se torna aparente que el pensamiento divino está creando la experiencia exterior para saltar a su centro y capturar un ramillete de sabiduría. En verdad que está creado con un propósito divino.

Este plano de la Tierra abunda en circunstancias horrendas y desde luego continuará así por un tiempo para permitirle esa experiencia a aquellos que desean compartirla. Las entidades que están conociéndose dejan de enjuiciarlo.

Cuando entendéis la circunstancia bajo esa luz, vuestra energía no física —de vuestro YO de otra dimensión— se verá atraída electromagnéticamente y se unirá y fundirá con ese Ser de vosotros que está en este plano de la Tierra. De esta manera experimentará dicho plano en una forma no física. Eso se llama iluminación. Es acopiar vuestra energía hacia vosotros mismos. Se llama conciencia de Cristo. En ello no hay nada místico ni desconcertante. No hay nada dogmático en ese entendimiento, pues el dogma que se ha ligado a la conciencia de Cristo durante eones es la limitación. Es ritualista para el confort y la comodidad de las relaciones en este plano de la Tierra durante un tiempo. En verdad tuvo un fin determinado. Hay un grandioso propósito divino en cada circunstancia. La conciencia de Cristo dentro de vosotros está desplegándose al conocimiento. Se está convirtiendo en una percepción de las relaciones que tenéis con otras entidades.

Veréis..., otra entidad puede ser de naturaleza argumentativa y la conciencia de Cristo en vuestro interior os capacitará para veros como argumentativos. Entraréis en la situación con humildad y amor a esa otra entidad que es parte de vosotros, y entonces los altercados cesarán.

Ahora bien, una circunstancia terrible en una relación íntima, por ejemplo, los celos, solo es miedo. Es la falta de comprensión de vuestra propia soberanía. Eso es todo. Si supierais que sois Dios y que habéis creado esa circunstancia, entonces no tendríais motivo para sentir ese miedo en el corazón que llamamos «celos», pues en vuestro interior seríais soberanos como Dios. Sabréis cuál es vuestro valor, y no tendréis necesidad de demostrárselo a otros. Esta prueba de vuestra valía es meramente el deseo ferviente de demostraros a vosotros mismos quiénes sois, no de probárselo a otros. Quizá eso es lo que parece, pero no lo es. El núcleo del asunto es que estáis aquí para experimentaros a *vosotros*. La vida es para que la disfrutéis *vosotros*, y mientras jugáis en el patio de este plano de la Tierra maduraréis, adquiriréis la sabiduría de vuestros instrumentos llamados relaciones. Así es.

P.: Saludos, St. Germain. ¿Qué tiene la soledad en una persona que hace que salga en busca de su YO Dios?

Es el deseo de amor lo que es incondicional, lo que no emite juicios, el deseo de aquello que os amará si tenéis el pelo erizado o esa perfección de rasgos faciales que no resultan especialmente perfectos a ojos de otros. En verdad que eso es lo que deseáis con tanto fervor: el amor que no emite juicios sobre vosotros. *Solo os llega cuando sentís ese mismo amor por vosotros mismos,* pues aquello que será reflejado por otra entidad hacia vosotros solo es el reconocimiento de lo que ya tenéis en vuestro interior. Entonces, mientras buscáis y miráis por todos los rincones y sentís que el corazón se os desboca cuando alguien se coloca a vuestro lado, desde luego eso continuará a medida que prosigue la búsqueda.

Cuando sois una entidad solitaria, abandonada, anhelante de amor, no llegará a vosotros, mis queridos, a menos que sintáis un amor incondicional por vosotros mismos. Cuando entendéis el florecimiento de *vuestra* belleza, cuando miráis en el espejo y veis *vuestra* joya, *vuestra* perla, la gema de múltiples facetas que sois, entonces la luz interior se refleja y se exhibe como el color y la tonalidad del exterior, pues sois miríadas en el espectro, en la belleza y la luz. Si tan solo quisierais verlo, si pudierais ver vuestra iluminación —el aura dorada de vosotros—, entonces descubriríais la verdad de estas palabras. Lo que veis como vosotros no es todo lo que hay. Vuestra encarnación es apenas un fragmento pequeño, solo una faceta de vosotros. En última instancia sois infinitos. No se ve con el ojo ni se siente al tacto, pero sois vosotros en una forma indefinible. Es omnipotente, omnisciente, omnipresente, y no se puede definir de ningún modo en particular. Sois la gloria de Dios ejemplificado en el plano de esta Tierra. ¡Mirad en el espejo y ved esa bola de luz que sois, y no los rasgos físicos! No la veis porque solo os identificáis con ese pequeño fragmento de vosotros. Ved la luz. Ved a Dios y, al hacerlo, llegaréis a amaros. Cobraréis el conocimiento de *vosotros* y, como resultado de ello, *tendréis otra entidad reflejada hacia vosotros a la que llamaréis espíritu afín*. La experiencia de esa relación reflejará vuestro conocimiento de vuestra propia divinidad. En realidad, lo que se conoce como soledad es una enfermedad del alma. Es un mal, una mala alineación con Dios. Se siente como dolor. Se siente como un vacío. El vacío solo es una falta de conocimiento, un no reconocimiento de parte del YO. Esa es la razón por la que existe un vacío, porque parece como si os faltara una parte de vosotros. No os falta. No es reconocida.

P.: Saludos, St. Germain. Siempre que alguien me juzga, en vez de aceptarlo me encuentro devolviendo otro juicio y, de algún modo, me siento mejor. ¿Cómo puedo enfrentarme a eso?

En esta Tierra esto constituye una especie de venganza. En tiempos pasados se ha considerado como algo dulce. Ahora se considera como el Ser. No hay juicio, sin importar que la venganza sea buena o mala. A esa parte de vosotros que desea llevarlo a cabo hay que permitirle que lo haga. No os contempléis como malos o como menos que Dios cuando reconozcáis que existe un juicio en vuestro interior, pues eso es el reconocimiento de vuestro Álter Ego que está expresándose. Alineadlo con vuestra luz. Alineadlo con el Dios que hay en vuestro interior. Considerad como un espejo el hecho de que juzgaréis, de que os vengaréis. ¿Os lo haríais a vosotros mismos? ¿Se lo haríais a una expresión de vosotros en otra forma? Consideradlo y contempladlo cuando os encontréis en una situación de elección como esta. Descubriréis que a veces obraréis como lo habéis hecho, y está bien, ahí no hay juicio. Es lo que llamáis una transición, y habrá un poco de ambas cohabitando en vosotros. Sin embargo, al iluminaros más, al entrar en una armonía más unificada con la luz, haréis menos de lo que el Álter Ego desea, pues este se alineará con los deseos del Ego Divino del YO. No habrá separación. Así que no os juzguéis con dureza por emitir juicios si ello acontece en ocasiones. Dejad que así sea y amadlo, y, al expresarse de esa manera, se disipará.

No obstante, cuando os halléis en circunstancias como estas, sencillamente decíos: «Ah, es una oportunidad para acopiar más luz para mí. ¿He de hacer venganza sobre otra parte de mí mismo?». Porque veréis que es un espejo. En realidad, no es otra entidad. Quizá así lo parezca, pero es *vosotros*, en la hermandad del hombre, que estáis unificados como un todo. Todo es UNO. Estar en la luz también es transitorio en naturaleza. Al hallaros en la luz os encontráis separados de la luz y no sois uno con la luz. Así que sed UNO con la luz. *Sed* la luz, no estéis en la luz. ¿Lo entendéis?

P.: St. Germain. ¿Podría dirigirse a la gente que no tiene una relación íntima y, aun así, se siente del todo completa?

La sensación de totalidad, de armonía, sin la necesidad de un reflejo exterior de esta unión específica con el YO, solo es el reconocimiento del Ego Divino del YO y la unión que ya ha experimentado con su Álter Ego, en la que el hombre y la mujer han alcanzado la armonía y la alineación interiores. Así que no hay deseo de una relación íntima, ninguna necesidad de que se exprese hacia fuera, pues ya está en el Ser y en el conocimiento de vosotros. Esa es la causa por la que tantos de vosotros carecéis de un deseo especial de algo o de una relación, porque antes, en vuestro Ser, ya lo habéis experimentado y habéis aprovechado la sabiduría y os habéis nutrido con ella. Por lo tanto, no sentís más la urgencia de experimentar esa circunstancia específica. Se experimenta como la totalidad del YO. Es *vosotros*. ¿Os ayuda esto?

P.: Sí. La otra pregunta es que a veces hay un agujero en mi interior por no haber experimentado la familia, aunque al mismo tiempo me siento perfectamente bien.

Ciertamente, este es un juicio de vosotros, porque la conciencia de masa, la conciencia social, os ataca duramente. Al compartir la conciencia de masa, la percepción fuera de vosotros, a veces sentiréis presión. Os juzgáis y otras entidades os juzgan por esto o aquello, por tener esta o aquella experiencia. Sin embargo, al realinearos y comprender vuestra soberanía y el deseo de vuestro corazón en vuestra propia esencia del alma, sabréis que ya está maduro en vosotros; no que es correcto, sino maduro. Cuando os alimentáis de la conciencia social o conciencia de masa, puede que liberéis la presión de la sociedad sintiendo amor por vosotros: el amor por vosotros en las circunstancias que habéis ejemplificado como el deseo de vuestro corazón y amar a las otras entidades que os han dado una oportunidad para contemplar otra faceta de vosotros.

Veréis, lo que reduce el juicio es la contemplación y la apreciación de cada respuesta que obtengáis como resultado de un reflejo a través de otra entidad. Es una oportunidad de conoceros a través de una relación, sin importar cómo aparezca ni que la consideréis buena o mala. En verdad que es maravillosa, pues dentro de cada célula de vuestro ser está el deseo de una mayor alimentación en la luz.

Mientras os alimentáis y nutrís, y adquirís el conocimiento de vosotros mediante todas las otras entidades que hay en vuestro plano, las células de vuestro cuerpo que son físicas en naturaleza se disipan. Ya no serán células físicas, densas y ásperas en la comprensión de la materia física densa. Serán luz. Serán energía ejemplificada de una forma menos densa, y al adquirir una comprensión aún mayor, vuestra energía se vuelve amorfa, sin forma, ni siquiera es luz. La luz es solo una versión más densa de la energía.

Reflejaos los unos en los otros, sobre vuestra divinidad, y entenderéis la igualdad que hay en todos vosotros... vuestra unión. Por ende, no habrá división, separación o juicio. Al ser conscientes de esa unión, ni siquiera existirá separación alguna de los sexos, pues seréis homogéneos: Dios ejemplificado en forma, reconociéndoos como otras facetas de la Fuente, otras facetas del YO, como facetas del divino prisma de Dios.

Luz: Todos vosotros la tenéis, todos vosotros sois una gran bola de luz, aunque estáis resonando en diferentes vibraciones. Todos vosotros tenéis en vuestro interior haces de energía conocidos como «frecuencias» que os dan lo que llamáis personalidad. Eso es lo que son las personalidades: diferentes haces de frecuencia en la conciencia, que se expresan como personalidades.

Al expandiros hacia todo el espectro, no tendréis una frecuencia en particular que resuene como una personalidad, pues dispondréis del conocimiento de todo el espectro. Nos os atribuiréis un signo específico de la carta astrológica, ya que os expandiréis a todos al aumentar vuestra infinitud.

P.: Ha dicho que, en última instancia, en realidad no habrá espíritus afines... Por decirlo de algún modo, ¿todos seremos espíritus afines?

Os uniréis a la energía que se asemeje a vosotros, originalmente separada de la Fuente y conocida como los trece originales. En verdad que ese es vuestro compañero del alma, tanto varón como mujer, pero en vuestro conocimiento, en el núcleo de vuestro ser, reconoceréis y aceptaréis la naturaleza de toda la humanidad como una hermandad.

En el proceso de ascensión, en la fusión con la Fuente, no existe la separación. Entonces será Uno, y no hay espíritu afín en ese punto, *pues os habréis fusionado con él.*

Me despediré de vosotros de momento. Compartíos con gozo. Compartid el amor que todos vosotros sois. Compartid el campo áurico del otro con reverencia y respeto de lo que se os refleje de vuelta, como vosotros mismos. En verdad que yo comparto estas reuniones con este entendimiento, la comprensión del gozo, la hermandad y la comunión con mis hermanos, que son iguales que aquello que yo soy.

Como deseareis más comunión con aquello que yo soy, emitid meramente el pensamiento divino y este resonará hacia la esencia llamada yo, que vendrá a vosotros y os cogerá la mano. Que así sea. Ahora os dejo con un pensamiento.

Permitid que reflexione, que madure: ese pensamiento es el GOZO. Sacad ese gozo, esa risa, ese vigoroso éxtasis, reverencia y deleite por este plano. Compartid incluso las circunstancias incómodas con gozo. Cantaos a vosotros mismos. Convertíos en la sinfonía que siempre habéis deseado tener a vuestro alrededor. Cantadle a toda la vida como reflejo vuestro. Que vuestro corazón palpite con amor. Al marcharme ahora a fusionarme con la Fuente, el divino Padre/Madre interior, os reconozco y embellezco. He disfrutado enormemente estando en vuestra presencia, pues he compartido con vigor vuestra luz, y expreso mi gratitud y aprecio por vuestro brillo. Que así sea. De momento me despido de todos vosotros.

Namaste.

Capítulo 2

Espíritus afines

Es un honor estar ante vuestra presencia y os saludo con humildad y amor ilimitados.

Espíritus afines... ¿provoca eso una chispa en vuestro corazón, un resplandor sobre vuestro semblante? Algunos de vosotros entráis en el mercado y miráis por encima del hombro y os agitáis por temor a perderlos si llegan a pasar. Algunos de vosotros ya sabéis que vuestro espíritu afín mora en este plano. Estos ya entienden la esencia que es la otra parte de su alma. Comprender esto no es más que comprender aquello que sois. ¿Lo sabéis? Hay mucho de que hablar aquí en vuestro tiempo sobre los espíritus afines, pero en realidad este es un compañero de Dios. Para entrar en Dios debéis entender aquello que va a entrar en Dios, aquello que sois vosotros. Es florecer en el sonrojo del amor. En verdad que estaréis extasiados con el amor del YO. Es enamorarse del YO, estar enamorado en verdad de ese Dios grandioso que se refleja hacia vosotros en el espejo llamado espíritu afín.

Ahora bien, ¿cómo lo hacéis? Primero, ¿querríais observar aquello que es *vosotros, el vosotros exacto que sois ahora mismo en este instante de vuestro tiempo, no el vosotros que sois como un Dios realizado?* Muchos de vosotros juzgaréis a esa otra entidad: «Oh, pero si solo mide noventa centímetros y es verde», pero la belleza está más allá de la piel. El Cristo, la joya de Dios, es la esencia, el cuerpo etérico, y eso no se puede capturar en una imagen. No se puede capturar en una descripción de lo físico, pues es infinito. ¿Lo veis? Entonces, si queréis estar cara a cara con vuestro espíritu afín, debéis entender qué es aquello que deseáis observar.

Ahora bien, al describir esa esencia enigmática que habéis llamado espíritu afín, empezaré por el principio, donde en realidad no hay principio. Se llama creación. Cuando la divina fuerza creadora, el Dios Yo Soy, el principio Madre/Padre —la esencia de Todo-Lo-Que-Es—, se contempló a sí mismo, se expandió y separó. En esta división comprendió la separación y la densidad conocida como luz. El electro salió en una frecuencia más baja, por consiguiente nació un cuerpo de luz, de energía de esencia de Dios. En ese punto surgió el principio varón/mujer. Dado que dentro de la luz hay cargas positivas y negativas, y la comprensión de la separación entre las dos es la comprensión de las esencias de vuestros espíritus afines varón y mujer. Toda la energía del conjunto de la creación se dividió en masculina y femenina. Dentro del cuerpo de energía del varón existen multitud de frecuencias o haces de esencias del alma, completos en sí mismos. También es igual para el cuerpo de energía de la mujer. Por lo tanto, ello crea multitud de espíritus afines varones y mujeres dentro de la misma esencia de energía del alma.

Se crearon trece de esos cuerpos de energía. Dentro de la esencia de energía del alma de vuestro espíritu afín varón reside una cierta frecuencia que en realidad es idéntica a la misma frecuencia de la esencia de energía del espíritu afín mujer. Aun cuando están las multitudinarias esencias del alma dentro del conjunto del alma que son de frecuencias diferentes y completas en sí mismas, *hay frecuencias idénticas que existen en conjuntos opuestos de energía, que podéis llamar llamas gemelas.* En esto es en lo que piensa la mayoría cuando considera a su espíritu afín, pero ni siquiera las llamas gemelas están contenidas en la propia encarnación física. Existe demasiada energía para poder contenerla en la propia encarnación. De modo que es física y no física al mismo tiempo. Así es con los espíritus afines. Tenéis espíritus afines mujeres, plurales, y los tenéis varones, plurales. A veces esta pluralidad se considera como un espíritu afín. No existe contradicción en esta explicación, se trata solo de una explicación expandida.

Experimentar la conciencia de Cristo en vuestro interior, amando incondicionalmente aquello que sois tal como existís y moráis en vuestra realidad en este punto del tiempo, crea la resonancia en vuestro ser que atrae la esencia idéntica dentro de la energía del alma opuesta. La invoca y la fusiona con vuestra energía y con vosotros. Cuando esto ocurre, experimentáis lo que se llama iluminación. Entráis más en la luz porque vuestra energía de luz va hacia vosotros. También os volvéis más ligeros en densidad, peso, iluminación, conocimiento y gozo.

Vuestro espíritu afín os afecta y vosotros le afectáis constantemente, y hablo de él como un cuerpo de energía que contiene todas las esencias de los espíritus afines. Siempre que capturáis la emoción de una experiencia, dicha experiencia también es entendida por vuestro espíritu afín. Cuando un pájaro enjaulado le canta gozoso a un ave que vuela en libertad por el cielo de la mañana, el pájaro libre responde en reconocimiento. Se responden entre sí con júbilo en el pecho, pues en verdad que los animales también tienen espíritus afines. Vosotros también lo hacéis. Cuando experimentáis gozo, pesar o intensa ira, vuestro espíritu afín siente un dolor de cabeza o dolor de estómago. «¿Qué he comido? ¿De dónde viene eso?». Es la indigestión de vuestro espíritu afín, y no tiene por qué ser una indigestión física, sino una de la esencia del alma... algo molesto de compartir.

Lo que entendéis como *déjà vu* a veces, ocasionalmente, es vuestro espíritu afín experimentándolo, de modo que, en cierto sentido, vosotros también lo experimentáis. Lo que entendéis en ocasiones como una precognición es vosotros que experimentáis la energía de vuestro espíritu afín. Todo lo que entendéis como fenómenos psíquicos es entendido por vuestro espíritu afín. Ahora bien, cuando la separación cesa entre los dos, ese es el momento en que se produce el gozo. Cuando estáis en una búsqueda intensa y desesperada de amor, justo más allá de vuestro alcance, a la vuelta de la esquina —«¿Dónde, oh, dónde está mi espíritu afín? Espíritu, espíritu afín, ¿dónde estás?»—, cuando buscáis esa esencia, en lo físico o no, jamás la encontraréis, pues la búsqueda os conducirá de vuelta a vuestra propia alma. El viaje es un viaje de conocimiento del gozo del YO en el momento, y cuando apreciéis, aclaméis y en verdad reconozcáis vuestra experiencia vital del ahora, lo reflejaréis hacia el exterior. Y *en consecuencia así se manifestará*.

Cuando dais amor a este plano de la Tierra de forma útil, con olvido, amor incondicional y sin juicio en el corazón, entonces automáticamente se ve reflejado de vuelta hacia vosotros... *automáticamente*. Así es como responde a vuestra energía divina el universo que creáis para vosotros. Os permite crear lo que emanáis. Al emanar amor, el amor regresa a vosotros para que lo experimentéis como vuestra creación manifestada.

Esto también se aplica al juicio. A veces os veis acuciados para no juzgar, ¿verdad? Pues ¿qué es el juicio, qué es la observación y qué la preferencia? ¡Oh, perplejidad! Está bien, pues en realidad solo son diferencias sutiles, y la diferencia es la intención del corazón. La preferencia es la esencia del deseo de vuestro propio y divino corazón, aunque dándole validez a la no preferencia. Cuando no se le da validez a la no preferencia, entonces se convierte en juicio.

Muchos de vosotros perseguís la iluminación. «Oh, ¿cuál es el sendero más rápido?». Está bien, pero os diré: No hay atajos hacia los espíritus afines, hacia la iluminación, hacia el Dios realizado. No hay camino que esté libre y despejado del espejo que *os* refleja hacia *vosotros*. Todos tienen este reflejo en ellos... todos. Al acercaros más y más a la comprensión del espíritu afín, contemplaréis todos los aspectos de aquello que sois vosotros. En determinados momentos, e incluso ahora en vuestro tiempo, enfatizáis un determinado aspecto de vuestro Yo que desearíais que aquello que yo soy, y otras entidades, percibieran. Está bien. Forma parte de la naturaleza humana. Sin embargo, cuando acude el Dios ilimitado, todos los aspectos se perciben y aman en el instante de la percepción. Cuando podáis hacer esto con vosotros, sin siquiera deteneros para considerar si está bien o mal, *entonces os fundiréis con la esencia de vuestra alma y partiréis a la vida eterna llamada para siempre.*

Algunos de vosotros juzgáis de acuerdo con lo que llamáis edad: «Oh, pero esta entidad es tan decrépita»... Pero eso también es juicio. Tener gran edad es hermoso, porque es poseer gran sabiduría, gran conocimiento y experiencia, e incluso juventud... maravillosa juventud de experiencia en expresión de divinidad. En verdad es un infante... ¿Por qué se denomina segunda infancia? Así se completa el círculo. Sin embargo, muchos de vosotros os juzgáis los unos a los otros según unas características externas superficiales. Si despreciáis a vuestro vecino, pero decís: «Amo a Dios», no entendéis el significado del amor, el significado de Dios. Y está bien. Así debe ser. Ese es el motivo por el que lo experimentáis, para que *podáis* aprender. Cuando todos marchéis al son de las trompetas nacidas de vuestro corazón, anunciando la llegada del Cristo, cuando salgáis de esta manera y caminéis en sabiduría por los senderos de la luz, caminaréis por el sendero de vuestro espíritu afín.

Ahora bien, la experiencia de entrar en el conocimiento de vuestro espíritu afín, ya sea mujer con mujer, mujer con hombre u hombre con hombre —todos pueden ser espíritus afines—, tendrá lugar cuando podáis percibir y amar cada aspecto que esté fuera de armonía; pues cuando los amáis, amáis esa parte de vosotros que está reflejada en la otra entidad. Al hacerlo, abrazáis a toda la humanidad, enfrentándoos una y otra vez a aspectos de vosotros que ni siquiera sabíais que existían. Descubrís de qué material estáis hechos cuando os codeáis con vuestros vecinos. El material del que estáis hechos es el material de Dios. Cuando lo comprendáis, entenderéis qué es experimentar un espíritu afín.

En verdad que las flores, y vuestro reino animal, tienen espíritus afines. Fueron creados de Dios, de la conciencia surgida de la división divina, de la separación. Igual que vosotros, son entendidos en electros arrojados a la materia coagulada con la memoria de la esencia del alma, con el deseo de la esencia del alma y el pensamiento divino. Los creasteis en la expansión de densidad. Ciertamente, se alinean en vuestro propio deseo y por eso los compartís como si fueran alimentos. Se alinean al servicio de aquello que los creó. Son divinos en su propia esencia y entrarán en el conocimiento de su propia soberanía en la superconciencia cuando nada llegue a devorarlos y ellos no se devoren entre sí. En la superconciencia todas las cosas compartirán la energía directamente a través de los electros de la atmósfera mediante el sello de la corona, y todos serán soberanos, permitiendo la existencia de cada uno. Así, el león yacerá con el cordero y todos estarán en paz. Entonces la paz reinará sobre la Tierra y el reino de los cielos reinará soberano. Veréis, cuando dicen que el reino de los cielos está en el interior, ello solo significa que radica en vuestra esencia, la esencia de Dios de vosotros con el fin de crearlo. Lo creáis dentro y fuera, pues tenéis una dualidad en lo físico. La comprensión de esta creación es la superconciencia, el segundo advenimiento de Cristo. Este es el momento de la confluencia de todos los caminos en Uno —todos los aspectos diferentes de vuestra propia conciencia en el entendimiento microcósmico que llega al conocimiento unificado del Uno—, cuando en verdad la mujer reclame su soberanía y el hombre reclame su amor, y se equilibren y otra vez vuelvan a estar en armonía.

Muchos de vosotros os encontráis en un frasco de conserva y estáis creando vuestro propio vinagre, pero sabéis que también podéis crearlo como dulzor. ¿Quién dice que los adobos deben ser amargos? ¿Es que no pueden saber tan dulces como los albaricoques? Vuestra cesta de problemas se puede considerar como un sustento, no como un desperdicio que hay que eliminar. Vuestros problemas son los que os permiten *entenderos*. Bendecidlos... a todos. Al bendecirlos, bendecís a vuestro espíritu afín. La conciencia de vuestra otra esencia [espíritu afín] en esta personalidad del Yo particular se alimenta constantemente de vuestra experiencia, y vosotros de la de ella... *Constantemente,* sin importar cómo elegís experimentarlo. Os golpeáis el pie, y eso es una experiencia emocional llamada dolor. En realidad no importa qué es, pero, si os alineáis con Dios, entonces eso es también lo que experimentará vuestro espíritu afín. Al venir de los cielos, desde la Tierra interior, de la realidad no manifiesta hacia la realidad manifiesta, los contemplaréis y todos permanecerán con vosotros... Todos. Os abrazaréis con lágrimas en vuestras mejillas al reconocer la llama violeta de vosotros que ha sido encendida en la libertad llamada ascensión, llamada inmersión en el Dios Yo Soy. Al entrar en esa inmersión, en esa apertura al Todo, *conoceréis* el Todo, incluyendo aquello que juzgáis doloroso, agonía, desolación, amargura, celos y odio. Doblaréis las rodillas ante el espejo de vosotros y os diréis: «Os amo en todos vuestros aspectos resplandecientes y magníficos».

Llegar al conocimiento y a la contemplación de vuestro espíritu afín no es como penetrar en el crepúsculo. No es una garantía de felicidad, pues la felicidad es una elección de cada momento. La felicidad no es resultado de la llegada a vosotros de vuestro espíritu afín para hacer que todo sea mejor. Quizá no sea la puesta de sol, quizá os lleven a la zona crepuscular, pero eso no es lo que hará que todo sea mejor en vuestras vidas. *Lo que hace que la experiencia de la vida sea armoniosa es que experimentéis el gozo.*

¿Qué es un espíritu afín si no esto? En verdad que todos vosotros sois espíritus afines de Dios. Eso es lo que significa cuando Cristo acepta a Dios. El Cristo de vosotros se funde con el Dios Yo Soy, y eso es lo que estáis experimentando en la aplicación práctica este día de vuestro tiempo. También eso es lo que se quiere dar a entender con las expresiones «médico, cúrate a ti mismo», o «dejad que salga vuestra luz». Toda vuestra literatura, vuestras grandes filosofías, todas vuestras grandes enseñanzas de naturaleza espiritual tienen como base y fundamento el conocimiento de la vida divina. Ese es el núcleo de un espíritu afín.

Una mujer joven le habló a la entidad de su elección: «¿Crees que podrías enamorarte de una chica como yo?». Y él le respondió: «Mientras no seas muy parecida a mí». Es lo que todos os decís: «Mientras no se parezca mucho a mí, está bien. Mientras no sean como yo, excepto en esto, entonces podrá enseñarme una o dos cosas». ¿Os suena familiar? «Puede ser mi complemento»... ¿No es eso el significado de «los opuestos se atraen»? Pero la ley física no opera de esta manera. Respeta la ley divina y según ello lo *afín se atrae*. El concepto de los opuestos atrayéndose es solo una comprensión superficial, pues se atraerán al principio. El reconocimiento de aquello que buscan no está en ellos, pues lo que buscan es aquello que son. Si es lo opuesto, no se muestra en esa resonancia particular, y, por consiguiente, es de vida breve. Había otra esencia que le dijo a su compañero: «Creo que me estoy enamorando de ti. Ya empiezo a temer el divorcio»; toda una afirmación acerca de la conciencia sobre vuestro plano en este momento. Tenéis un corazón hotel: siempre hay una habitación para uno más. ¡Así es! En este plano estáis uno frente al otro hasta que encontráis a vuestro espíritu afín. «Si no es ese, déjalo. Probaré otro». Conozco vuestra naturaleza y os amo, y bromeo con vosotros porque es verdad. Es el motivo por el que sonreís, porque también vosotros conocéis vuestra naturaleza, y es divina, pues os permite entender la humanidad a través de una percepción festiva. Capturad su sabiduría para que podáis fundiros con ella, no para experimentarla hacia fuera de vosotros, sino para capturarla en vuestro pecho, en vuestra alma. ¡Conocedla! ¡Poseedla! Cuando así sea, ya no volveréis a experimentarla en lo físico, y avanzaréis hacia mayores aventuras de Dios, siempre que lo deseéis.

Buscáis el amor con tanta desesperación... Durante eones así lo habéis hecho, en vuestra literatura, en vuestras canciones, en vuestras leyendas, en vuestra historia antigua, incluso antes de la historia registrada ha existido esta ferviente búsqueda del amor. La mujer siempre ha temido la vejez, ser rechazada, no querida, no amada, pues su hogar estaba en el pecho de su hombre. Esa fue la clave de su supervivencia, pero ya no lo es. La clave para su supervivencia está en el mismo lugar que la de él: en su propio pecho. Cuando se hizo anciana, ante su propia estima perdió el valor, y transmitió aún más recuerdos del alma a las generaciones futuras con la intensidad de su conocimiento. La separación aumentó y culminó con una separación aún mayor, con más densidad. Fuisteis hasta donde podíais en la separación para poder entender el punto crucial en la fusión, de involución a evolución.

La edad ha sido una losa pesada en vuestro plano. Se debe al énfasis que ha recibido. Los maestros de vuestros antiguos... Ellos sabían más allá de la edad, más allá del tiempo.

La mujer no adquirió este conocimiento porque no recibió validez para experimentar esa sabiduría en lo físico. Sin embargo, ahora está consiguiendo su propia percepción resplandeciente de Diosa, y es divina. De hecho, es el torbellino de la transformando a través de la alquimia del Cristo que viene, transmutando el vil metal en oro, los sellos inferiores en la iluminación dorada de Dios al permitir que precipitéis cualquier cosa que deseéis sencillamente deseándola: divino pensamiento de energía manifiesta. Esa es la era de Dios a experimentar. ¡Es la era del espíritu afín a experimentar! En la superconciencia todo se fundirá y tendrá relación con sus espíritus afines, con todos ellos. Los que no la tengan, no compartirán la superconciencia.

Cuando tenga lugar la fusión de los espíritus afines en la superconciencia, la creación de la vida a través de la fusión en lo físico de la esencia del espíritu afín, ocurrirá mediante el nacimiento sin dolor. Lo femenino abrirá los pétalos de la rosa con gozo para permitir que nazca una vida nueva, y luego los pétalos volverán a formar el capullo. El vientre se convertirá en un lugar de vida y gozo y no de oscuridad y miedo. La experiencia del espíritu afín en la superconciencia simplemente será un Dios hacia otro. Cuando entendáis a vuestro espíritu afín, os convertiréis en *todas* las frecuencias. No decís: «Oh, ese tiene las vibraciones... debe ser mi espíritu afín, resueno», sino que resonaréis a todos porque abarcaréis todo el espectro de frecuencias. Os volveréis ilimitados. Por consiguiente, la familia del espíritu afín que experimentáis incorporará a toda la humanidad. Ese es el motivo por el que hablo con tanto ardor acerca de amar al YO y a todos los demás a través del YO, porque esta es la unión definitiva del espíritu afín. No uno con otro, sino uno con todos, para convertiros en UNO.

Oh, Romeo, el Casanova... el me enseñó bien. ¿Sabéis?, cuando fui este Casanova (bien puedo hablar de mí un momento), entendí la unión y el amor abundante para la mujer con la que estaba. Gozo del momento, ¿os suena familiar? El gozo del momento experimentado por el jugo y el sabor de la preciosidad de ese gozo, para ir luego al siguiente. Ese también era precioso, pero jamás entregué promiscuamente con mi corazón. Siempre di con seriedad. ¿Qué iba a hacer si había otra belleza más allá, eh? Así pensaba entonces. Está bien. Amo esa parte de mí que era pícara. Amo esa parte de mí que era humana y limitada, pues me enseñó mucho. Me enseñó a entender el amor, porque buscaba y buscaba, y recorrí todo un diccionario de mujeres y seguía sin encontrar esa joya que con tanto fervor anhelaba, esa joya de preciosidad, de feminidad, que era mi ideal. No lo comprendí ni siquiera después de todas esas experiencias. Lo que sí comprendí en esa vida fue amar a Dios, y fue la ayuda de mis limitaciones lo que me aportó ese conocimiento. Fue también la ayuda de las limitaciones que me impuse cuando compartí una faceta tras otra de aquello que consideraba indeseable en otros a los que, sin embargo, amé, los amé sin importarme qué presentaban hacia el exterior.

Llegué a ese conocimiento al final de esa particular experiencia de vida, y, cuando compartí el fruto de Dios, me convertí en Dios, entendí el amor. No un amor como el que entenderíais en una relación sobre el plano, el amor que había buscado sin encontrar, sino el amor que trasciende cualquier relación de espíritu afín. Es el amor del YO a través de toda la vida, su totalidad, incluyendo los pájaros, los insectos, las estrellas en el firmamento, las nubes que cubren las cimas montañosas, las hojas en los árboles, los arroyos que se convierten en el océano; en realidad, todos los granos de arena sobre el desierto.

Al contemplar el nido de un somormujo y ver un huevo nuevo que se había abierto gracias a las fuerzas de la naturaleza, no percibí depravación, crueldad o tragedia. Percibí la belleza de un huevo abierto, pues en su interior estaba la comprensión de la singularidad y la creación divina.

Esa fue parte de la experiencia que me llevó a entender lo que es percibir a Dios, contemplar a Dios y conocer su Ser en todo: en el huevo abierto, en el dolor de las relaciones, en el pesar de la búsqueda que solo aportaba vacío. Todo era hermoso. No hay nada que no sea hermoso, y en esa belleza conoceréis a vuestro espíritu afín. En esa comprensión percibís la luz llamada Dios, experimentada como vuestro espíritu afín, y comprenderéis tener un asunto amoroso con vosotros mismos.

¡Enamoraos de vosotros! ¡Sacaos a cenar! ¡Cortejaos! ¿Cuántos de vosotros lo habéis hecho? ¿Os habéis vuelto encantadores con vosotros, os habéis seducido? Sentid respeto, admiración, honor y humildad por el YO.

¿Cuántos de vosotros lo habéis hecho? Eso es lo que haríais con vuestro espíritu afín, ¿no?

Pero vuestro espíritu afín sois *vosotros*. Tiempo de práctica. Cuando podáis emitir este tipo de amor —no hablo de arrogancia, sino de amor con humildad—, entonces, ciertamente, vuestro espíritu afín se manifestará para ser experimentado a través de vosotros, pues intercambiáis experiencias el uno hacia el otro. Y siempre es así, bien estéis encarnados juntos u os encontréis en el universo 31 de un planeta de quinta densidad: aún seguís intercambiando experiencias, constantemente.

En vuestro sueño, muchos de vosotros habéis contemplado la esencia de vuestro espíritu afín, y este os ha contemplado a vosotros. Los sueños que tenéis, y que carecen de sentido y que no podéis explicar, se deben a que estáis experimentando del otro lado de los límites del espacio y del tiempo con otros aspectos del YO. Tienen sentido para vosotros, porque al intercambiar conocimiento y capturar sabiduría os volvéis completos, enteros, unificados en la Unicidad.

Hay algunos cuyas parejas son sus espíritus afines y aquellos que contemplan a los espíritus afines. De hecho, esta puede ser una situación muy interesante. De momento basta con decir que es interesante. «Explosiva» es la palabra. Sin embargo, se debe a que os veis enfrentados con esa parte de vosotros del género opuesto que no deseáis encontrar.

Aquello que os moleste más llegará a vosotros porque no lo habéis abrazado en el Yo, y por consiguiente llega a vosotros y se manifiesta con el fin de que podáis abrazarlo en vosotros y fundiros en la armonía y el equilibrio. Aquello que os frustra llegará a vosotros, pues es lo limitador, las espinas que os separan de vosotros, que os impiden entender el gozo de vosotros.

Cuando podáis amar esa espina, entonces reinará la armonía.

PREGUNTAS Y RESPUESTAS

P.: St. Germain, ¿quiere decir que todas las experiencias en nuestro estado de sueño están relacionadas con nuestros espíritus afines?

Todas son un intercambio de sabiduría. Algunas son experiencias con vuestros espíritus afines, pero todas, sin importar qué sean, os aportan sabiduría. Veréis, hay más de dos espíritus afines. Hay dos espíritus afines en la comprensión de la esencia de la energía del alma masculina y femenina, pero dentro del hombre y de la mujer hay multitud, ¿correcto?

P.: ¿Y qué hay de la contemplación con miembros de la familia del espíritu afín de uno, con aquellos del mismo género sexual? ¿Estas experiencias aún tienen lugar?

Desde luego.

P.: De modo que las experiencias que uno podría tener con un espíritu afín del género opuesto se podrían tener con...

... con un espíritu afín del mismo género. Por supuesto. Espíritu afín no significa compañero sexual. De lo contrario lo llamaríamos de esa manera.

P.: ¿Por qué las trece familias?

Es la comprensión de los rayos del espectro que se perciben en la tercera densidad como materia coagulada. Por ende, el 13 es un número muy poderoso, ya que es el Todo en lo físico. No el Todo en armonía con la esencia de Dios, sino el Todo en la comprensión de la creación manifiesta llamada Tierra. Por consiguiente, el 13 se encuentra en todas partes, incluso en vuestros registros antiguos.

Adán y Eva en el Génesis... Es una descripción simbólica de la división de la Unicidad, desde la androgenia, en hombre y mujer. Se diseminaron y plantaron su semilla en la Tierra. ¿Sabéis qué significa esto? Que partieron y crearon de la esencia del cuerpo del espíritu afín, de la energía de las multitudinarias esencias del alma llamadas hombre y mujer.

P.: ¿Cuál es el hilo conductor común, la resonancia, dentro de la familia de un espíritu afín?

Tendréis resonancia cuando lleguéis a la infinito, pero mientras permanezcáis y moréis dentro de vuestro físico y de sus percepciones, entenderéis esa resonancia solo con aquellos aspectos que reconocéis como parte del YO, que habéis acopiado en vosotros en esta realidad. Al experimentar en otras realidades, es otra frecuencia y agrupará diferentes resonancias hacia sí, hasta que todas se junten en Una.

P.: ¿Sucede a menudo que los espíritus afines del género opuesto nacen en esta experiencia vital en un año similar, o a menudo existe una gran diferencia de edad?

Depende de la elección de las entidades, amados míos. Sucede en todo tipo de circunstancia. Las formas en las que han de ocurrir no están limitadas. Vuestra esencia de Dios que elige es ilimitada.

Podéis reconocer a una madre que babea y admira a su hijo. Quizá sea su espíritu afín, pero no tiene una consistencia de edad para experimentarlo como una relación con el género opuesto. ¿Comprendéis?

P.: Sí, lo comprendo. No funciona de ningún modo específico.

Así es. Os diré lo siguiente: Vuestro espíritu afín no os quitará el dolor. *Vosotros* os quitáis el dolor, eligiendo estar en armonía y en alineación, eligiendo no experimentarlo como dolor, sino como gozo. Es una elección.

P.: ¿Cómo se reconoce a un espíritu afín?

Es una pregunta muy popular. ¿Cómo conocéis a vuestro espíritu afín? Bueno, ¿cómo os conocéis a vosotros mismos? ¿Os reconoceríais si os encontrarais en un pasillo?

P.: Creo que sí.

Es lo mismo.

P.: Entonces se trata de alguien que es muy parecido a uno...

Sentiréis que el corazón se agita. En realidad, sentiréis la vibración revolviendo la emoción, como algo hirviendo en vuestra alma. Empezarán las palpitaciones del corazón, la respiración se acelerará, vuestra energía vital pulsará a una frecuencia más alta. Lo reconoceréis de esta manera, pero no os sorprendáis si no es el amante de vuestros sueños, si no *sois* los amantes de *vuestros* sueños. Os diré esto: Muchos de vosotros paseáis un día de verano y sentís algo en el pecho, una agitación, una vibración... ahí hay alguien. Dais la vuelta, y «Oh, pero si solo es un vagabundo». Entonces apartáis la mirada. «No era nada». ¿Veis cómo os llegan los juicios? Son vuestros maestros, comparados con aquello que yo soy os reflejan ante vosotros mismos.

P.: ¿Las llamas gemelas son más como una compañera del alma?

Son una reverberación de resonancia idéntica de la misma frecuencia en el interior de distintos cuerpos de energía.

P.: ¿Hay muchas llamas gemelas uniéndose en este tiempo?

Desde luego, porque nacen muchos en la conciencia de Cristo.

P.: ¿Amar aquello que no nos gusta en nosotros es aprender a amarlo en ellas para que podamos amarnos más?

Ciertamente, así es, pero no se trata de una presión. Al contemplar a vuestros espíritus afines, os encontraréis en muchas situaciones de perplejidad. «¿Cómo me metí en esto?». En ocasiones os sentiréis en un estado muy emocional, ya que las emociones se presentan para que podáis reconocerlas y abrazarlas, a todas. Correrán las lágrimas por vuestro rostro, vuestro dolor hará acto de presencia... no es solo la confluencia. Serán vuestros espíritus afines que vendrán para fundirse con vosotros en vuestro cuerpo de luz. Vuestros hermanos, todas vuestras relaciones de negocios, pues estas también lo son, todas estas relaciones llegarán a vosotros para que aprovechéis la sabiduría que os aportan. Se están acercando a vuestro corazón, salen a la superficie como emociones, pues están ahí para que recurráis a ellas. Lo que tenéis que hacer es accionar la bomba con amor, y las aguas de la vida fluirán y fluirán, y a veces os preguntaréis cómo cerrarlas. «¿No basta ya? ¿Cuándo va a parar? ¿Cuánto puede aceptar una entidad?». De vez en cuando os oigo decirlo a todos vosotros, pero cuando juzgáis la cantidad, simplemente os situáis en una mayor separación. Fluir con la corriente de las aguas de la vida es sacar más y más experiencias y de esta manera os expandís eternamente hacia la eternidad. ¿Sabéis lo que es para siempre? Es algo que no acaba nunca. Es tan pleno que no se puede entender. Vuestro deseo de parar el reloj por un tiempo es vuestro deseo de juzgar y no amar lo que está sucediendo. Si de verdad lo estuvierais disfrutando en vuestro momento presente, y a plena capacidad, desde luego que desearíais continuar, pues sabríais que es hermoso. Todo esto es un espíritu afín, y pensasteis que veníais aquí a hablar de romance, pero, ¿sabéis?, este es un romance de la más grande naturaleza. No vamos en busca de bagatelas, vamos en busca del Uno, y el Uno es Dios.

P.: St. Germain, al enamorarse uno tan profundamente de toda la vida, ¿no está uno enamorándose por ende de la esencia del alma del YO personal en toda la vida?

Desde luego.

P.: Y entonces, los espíritus afines se manifiestan en el momento, físico o no físico, ¿correcto?

Por supuesto. Cuando os desprendáis de la idea de que el espíritu afín es una entidad que os traerá felicidad y lo veáis como el resto de la humanidad, entonces la entidad, el espíritu afín, que os permitirá la experiencia de la felicidad, aparecerá. Es una dicotomía, una gran paradoja de la vida, pero así es como funciona en vuestra realidad.

P.: Estoy un poco confuso sobre la diferencia entre un espíritu afín y una llama gemela ¿He de entender que una llama gemela es tu frecuencia exacta en su totalidad, pero que un espíritu afín es solo una parte de eso?

El cuerpo de energía vuestro que es femenino tiene en su interior muchas frecuencias de desviación del espectro de luz diferentes. Como la frecuencia específica que percibís como vosotros mismos tiene una resonancia, existe una resonancia correspondiente en el cuerpo masculino de energía. Esa es vuestra llama gemela. El resto son espíritus afines. Las dos juntas se encienden mutuamente y se transmutan en una totalidad que reunirá a todos.

P.: ¿Esta resonancia permanece conmigo sin importar...?

En esta experiencia vital entendéis vuestra llama gemela como una frecuencia particular de vibración. En realidad, podéis llegar a la luz y elevar esta vibración a una resonancia más elevada, pero al hacerlo expandís el horizonte de las vibraciones. No es un cambio. Es una fusión... una adición, si lo preferís. Se llama iluminación, formar parte de la luz. Añadir más de vuestra luz a vosotros mismos, de modo que os veis aumentados y expandidos. ¿Comprendéis?

P.: St. Germain, no es necesariamente cierto que, si uno es en lo físico, nuestra llama gemela también lo sea, ¿verdad?

Así es. «¿Dónde, oh, dónde está mi espíritu afín?». Vais en pos de él.

P.: Exactamente, ahora solo espero que suene el timbre.

Recordad que el pomo de la puerta está en el interior. Abrís la puerta a vuestro espíritu afín abriendo la puerta hacia vosotros.

P.: ¿Y qué sucede cuando pertenecen al mismo género en lo físico? ¿Es posible?

Desde luego. Desde luego, los llamáis hermanos. Muchos de vosotros los llamáis gemelos inseparables. Cuando uno deja este plano para ir a otra realidad, el otro lo sigue, pues en verdad experimentan un vacío dentro del corazón. Han sentido que han perdido una parte de sí mismos; por consiguiente, van a la realidad a la que ya han ido sus espíritus afines. Experimentarán de esta manera hasta que se den cuenta de que son una totalidad en sí mismos. Siempre siguiendo al otro, siempre en busca del otro.

Mientras seáis buscadores, os convertiréis en el maestro supremo sobre cómo ser un buscador. Muchas veces me pregunto qué es lo que haríais los buscadores si alguna vez lo encontrarais. Ya no tendríais una afición.

P.: St. Germain, ¿podría hablar acerca de su llama gemela y darnos una idea, si es posible, de las encarnaciones que ha tenido?

Ha tenido varias contrapartes en lo físico y muchas en lo no físico. Las contrapartes en la historia son resplandecientes. El principio materno de la vida en Egipto: Isis. La portadora de agua, la comprensión de la vida para suplicar, nutrir y flotar y, en realidad mantener a todos los que van a sus aguas. Ha tenido experiencia en esta nación (Estados Unidos). Fue una gran entidad. Unió con mucha suavidad vuestro estandarte. Estuvo en la Atlántida, Egipto, Grecia e Israel.

Algunos de sus nombres no se han registrado. Está bien. Experimentó mucha humildad de vida, y en ocasiones esterilidad. Comprendió la pobreza, el dolor y el sacrificio, el amor definitivo. Participó en el traslado de la semilla de Abraham a la tierra de Israel. Participó con el rey David. Una vez formó parte de un harén. Ningún nombre histórico, pero grandiosa y amada por todos.

Os diré esto: Cuando la contemplé, quedé paralizado, aunque no supe por qué. Su cabello centelleaba bajo el sol dorado, suave como una recién nacida. Su semblante era dulce como un melón, y sus mejillas, como el color de una rosa. Su aliento era madreselva, y en verdad que su tacto era como el tacto de Dios. Sonreía y reía como una niña jugando. Corría por los viñedos. Ahí es donde la conocí, y os preguntáis por qué tengo tanto deseo por el rubí... Nutrió las parras y las vides con caricias de amor como si fueran sus propios hijos, y yo me enamoré de una visión hermosa de Dios. Cogí su mano y lloré. Caí de rodillas sobre la tierra y lloré porque sentí una gran adoración por lo bella que era.

¿Sabéis lo que me dijo esa gran maestra? «Soy tu espejo». Esa fue la primera vez que la escuché. Grandiosa maestra, lo femenino es maravilloso, y le enseña a la esencia masculina cómo amar, cómo permitir y entregarse al Dios Yo Soy de ellos mismos. ¿Sabéis?, me he encarnado como una mujer, pero jamás he dado a luz hijos. Ese es el don de la vida que en verdad es precioso, un don incomparable... dar vida espontánea, creativa y sustentadoramente, en el estilo en que creáis con vuestra propia carne y sangre aquello que es de carne y sangre. Experimenté el amor de un modo que nunca antes había experimentado, y conocí a mi espíritu afín, porque me comprendí a mí mismo.

Esto sucedió después de mis días de picaresca y vagabundeo, y cuando había comprendido mi anhelo y añoranza del amor. Pero no consideré en mi interior que había sido recompensado, y encontré una joya preciosa eternamente generosa, comprensiva y amante. Me fundí con ella en la esencia del alma y me convertí en Dios. Fue poco después de contemplarla cuando lloré en el prado y contemplé a Dios en el amanecer y conocí la ascensión. No me fundí con ella físicamente, porque la preciosidad de la vida se hallaba más allá de lo físico en aquel punto de la madurez de la esencia de mi alma.

P.: St. Germain, ¿es posible para un espíritu afín desear estar con otro espíritu afín y que el otro no desee encontrarse bajo esa luz?

Comprendo de lo que hablas. En ese caso el espíritu afín desea experimentar esa realidad específica. Veréis, en toda experiencia hay divinidad, de modo que no hay que verlo como una limitación, ya que sigue un conocimiento grandioso.

Percibir y recibir las vibraciones de vuestro espíritu afín sin unión física —sin una participación de naturaleza romántica— ocurre para que podáis conocer a vuestro espíritu afín del género opuesto en todas las facetas de la experiencia, y para obtener conocimiento de *vosotros* en la totalidad: aquello que es platónico y aquello que no lo es. Veréis, es un gran acertijo que llamen a eso platónico, porque Platón no lo fue.

Vuestros hermanos son grandes reflectores de pureza y claridad en la experiencia de la esencia de vosotros del espíritu afín. Llegarán directamente a vosotros y dirán: «Oh, madre, ¿por qué has hecho eso?». Y de repente tendréis que enfrentaros a vosotros mismos. Percibid la sabiduría que os brindan desde su corazón, desde la pureza de su ser, recibidla, atesoradla y amadlos por el don que os dan. Reprendedlos, porque os han avergonzado solo aporta una mayor separación. Hacedles saber la belleza y el don que os regalan, hacedlos partícipes de la sabiduría que habéis entendido. Todos los niños que llegan a la superconciencia de la Tierra en este tiempo os traerán regalos; más que las perlas de sabiduría de la época de los maestros, pues contendrán todas las joyas del cofre del tesoro de sí mismos. Lo que tenéis que hacer es recogerlo y expresar gratitud hacia ellos por el don divino de compartir que exhiben. Vienen aquí con este objetivo, no para verse restringidos o limitados a una mayor separación, sino para ser liberados en la unidad de la Unicidad, liberados en la sabiduría que contienen en su propio pecho.

Mientras amamantáis a vuestros hermanos, haced que salga el don del amor en vuestra leche y les devolveréis lo que habéis recibido. El don del amor dentro del sustento que reciben es el don de la vida, el don de la regeneración. Es el flujo eterno de la vida. Esta vez tendrán una preferencia particular por el violeta, pues están fundiendo lo masculino con lo femenino, y eso es lo que es el violeta. No están convirtiéndose en niños o niñas, sino en hijos de Dios. No les regañéis por su calidad de andróginos. Amadlos por su unidad, y de ellos reflejad vuestra propia unidad.

Os permitiré un descanso breve. Algunas partes de vuestro cuerpo están entumecidas. Compartid con gozo y rejuveneceos entre vosotros. Espíritu afín con otro espíritu afín. ¿De acuerdo? Que así sea.

(Tras el descanso.)

Saludos, amados míos. ¿Observasteis el uno en el otro con el conocimiento de que mirabais en vosotros mismos? En verdad que al mirar en vosotros veo muchas tonalidades. Todas son hermosas. Todas son resplandecientes y resonantes. Aquello que se os diga hoy es verborrea. Obtenéis algo para satisfacer a vuestro Álter Ego, pero lo que en realidad se os da pertenece al corazón y no se habla en voz alta. Lo que os doy no pertenece a las palabras. Podéis compartir lo que recibís con el corazón y compartir así la resonancia de Dios identificado en vosotros.

La esencia femenina/masculina de vosotros —algunos la han llamado el yin/yang— no está *en* vosotros. Vuestra feminidad y masculinidad no mora *en* vosotros. *¡Es vosotros!* No está en vuestro interior, es vosotros. Es la dualidad en la totalidad. En otras palabras, es masculino o femenino en vuestra resplandeciente ejemplificación de lo físico y es lo masculino y femenino tal como Dios realizó lo físico.

Ahora bien, una llama gemela es una frecuencia idéntica a otra frecuencia dentro del mismo cuerpo de energía; pero eso solo es según una frecuencia. Es lo mismo para todas las frecuencias. De modo que tenéis multitud de llamas gemelas. Una llama gemela para este, otra para aquel, y para este, según todas las resonancias que moran en el cuerpo de energía de vuestro espíritu afín de masculinidad o feminidad. ¿Os deja un poco perplejos? Cuando todas las llamas gemelas están encendidas en la llama violeta de la libertad, se convierten en Uno, en unión con la totalidad, en la gloria coronada del Dios Yo Soy.

De modo que esta ferviente búsqueda de vuestra llama gemela ha abierto aquí algunas puertas, porque al fundiros con todas las frecuencias y volveros más ilimitados, lo mismo sucede con vuestra llama gemela, y se vuelven resplandecientes en todas las frecuencias. Entonces, ¿dónde os deja eso en vuestra búsqueda desesperada de la otra entidad cuya compañía será tan placentera? ¿Y qué hay de los fallos de esta entidad? Si permanece el tiempo suficiente, aprenderéis a amarlos. Vengo a vosotros y os bendigo con vuestro reflejo, comprendo por qué estáis aquí y vengo para que podáis entender por qué estáis aquí. Vuestra búsqueda ha terminado. Lo cierto es que el viaje es una gran aventura eterna. No cesa. La aventura es la vida, y la búsqueda está contenida dentro de cada momento y su disfrute.

Ahora bien, la fusión de las esencias del espíritu afín de todo esto, del sistema solar, de universos, trae al Cristo a este planeta. Lo microcósmico en lo macrocósmico. Fundís las esencias de los espíritus afines de vuestra flora y fauna y de los minerales. Ellos también tienen espíritus afines, y os preguntáis por qué siempre habéis tenido la tendencia de colocar un cristal junto al otro. Estos se funden en sus esencias y conciencias y se clarifican mutuamente y en el entendimiento del otro. Al tener lugar esto, la conciencia llamada humanidad hará lo mismo, la conciencia que posee comprensión planetaria y estelar entrará en la misma formación, en un todo unificado; lo mismo con todos los universos. ¿Qué significa esto? Vuestros planetas ascenderán. Vuestras estrellas ascenderán. Vuestros universos se lanzarán a una frecuencia al infinito. Gran rompecabezas este... ¿Qué pasa si todo asciende? ¡Todo!

Este suceso representa la compleción de vuestro ciclo manifestando Dioses en lo físico. Os fundiréis en la Fuente, que es simplemente otro microcosmos, pues es una Fuente dentro de una Fuente, a su vez dentro de una Fuente dentro de una Fuente, y empezaréis la gran aventura, sí, una vez más en una realidad diferente. ¿Os suena estimulante crear de nuevo otra prehistoria? Es una afirmación ilimitada. ¿Por qué? ¿Por qué lo necesitamos? No tenéis que hacerlo, pero es el deseo del Dios que se contempló a sí mismo en primer lugar y creó vuestra experiencia de creación y deseos para expandirlo en más creaciones, ya que siempre es expansivo, aumentando en una ilimitada conciencia ulterior del YO.

P.: Oh, ¿de modo que no tenemos que hacer esto una vez más?

No en esta realidad, una diferente, algo que no podéis imaginar con vuestra mente finita. Saldrá una vez más hacia un modo distinto de manifestación que ni siquiera es de electros, comprensión electromagnética y luz, algo completamente diferente. Vuestra mente finita quema un fusible cuando intentáis contemplarlo, ya que solo entiende dentro de los límites de su naturaleza, que es de electros y luz. Ser Dios es estar en movimiento. Veréis, otra declaración es: Ser Dios es ser no-Dios, y eso es el hombre. Cuando el hombre vuelve a convertirse en Dios, ha dado a luz al Cristo y ha expandido al Dios Yo Soy. El infinito... sabéis que también va en la otra dirección.

Los átomos de vuestra encarnación son espíritus afines entre sí. Existen universos en una molécula. Hay espíritus afines que existen dentro de eso. Se trata del infinito en la polaridad opuesta de la expansión. Cuando os contempláis en ese sentido, ¿importa de verdad si tenéis una pelea con vuestro vecino?

Entonces, ¿qué hay de los hermanos nacidos de los espíritus afines? ¿Son espíritus afines o no? Tienen la misma memoria genética; ¿poseen también la misma memoria del alma? Ciertamente, así es, pero de una vibración diferente. Pertenece a la misma esencia del alma. Cuando las llamas gemelas se funden [unión sexual], la vida que surge de ellas nace de la misma frecuencia.

Por consiguiente, se trata de una poderosa Trinidad. «Yo soy el camino, la verdad y la luz».

Eso es lo que se pronuncia cuando esta Trinidad mora. Jesús nació de espíritus afines, de llamas gemelas. Él encendió la conciencia de Cristo de la esencia de su alma, y durante su niñez, su pubertad, durante su viaje por la tierra de Egipto, de Tíbet y China, fue bautizado porque permitió que el Cristo saliera en un entendimiento realizado. Esto sucedió en la zona de Egipto, que es un vórtice de poder, el punto de origen de este planeta. El Cristo nació de este planeta de la misma manera que lo hizo la humanidad.

¿Sabíais que la humanidad fue depositada en este planeta en la misma zona y que luego migró a la fértil región de Mesopotamia? Esa es otra historia que habría que contar, y bastante interesante.

La unión de los espíritus afines saca al Cristo. Pero no es para que os dediquéis a buscar presurosamente una entidad con la que uniros para que podáis tener un Cristo nacido en vuestra casa; mas sí para que sepáis que hay eventos grandes, muy grandes, que suceden en vuestra vida cuando compartís el amor del YO con el fin de que se vea reflejado en la otra esencia del YO que llega a vosotros en lo físico.

Ahora bien, los hermanos nacidos de los espíritus afines en este plano conducirán a la humanidad a la era de la superconciencia. Algunos serán niños prodigio; grandes maestros, jóvenes de corazón y de cuerpo, pero ahítos de conocimiento, que en realidad es la luz. Estos jóvenes, como los llamáis vosotros, os guiarán a la libertad. Os enseñarán cómo ser jóvenes de nuevo, cómo volver a jugar y a vivir. Animaos con ellos, y al compartir su conocimiento, compartid el vuestro. Volved a ser de nuevo niños. Convertíos en los jóvenes que desconocían las limitaciones, la frustración y las cargas pesadas, que no sabían del dolor, las lágrimas, la amargura, el odio ni el resentimiento. Convertíos en ese niño en vosotros que ama, que se maravilla ante todo, que se asombra incluso ante una mariposa. Con el alma escuchad a esas entidades, pues estaréis escuchando a los espíritus afines de una nueva era.

Mientras hablo, hay veces que las palabras entran por un oído y salen por el otro, pero entran en vuestro corazón y salen al corazón de vuestro espíritu afín. Las vibraciones están entre líneas, de modo que, aunque no estéis escuchando, sí lo hacéis. Incluso cuando soñáis y convocáis a una entidad para que os haga compañía en hermandad, amor, comunidad y comunión, vuestro espíritu afín también recibe la comunión. Os nutrís mutuamente, siempre. Si no os sentís amados, penetrad en los rincones más hondos de vuestra imaginación y permitíos compartir el cáliz del amor que os ofrece la esencia de vuestro espíritu afín, pues os recompensará y refrescará. En verdad seréis rejuvenecidos y renovados. Volveréis a salir rebosantes de amor y felicidad para ofrecer en el plano de la Tierra y en todo el universo, y así os será devuelto a vosotros.

Espíritus afines. Compañeros de Dios. ¿Por qué hay tanta mística en ello? ¿Por qué durante eones se ha anhelado tanto aquello que está fuera de vosotros con el fin de satisfacer una añoranza específica de la naturaleza humana? Forma parte del factor de separación que Dios comprendió cuando se contempló a sí mismo cobrar densidad, experimentar lo físico. Este anhelo no tiene nada de malo. Es divino. Es parte de vuestra creación. Bendito sea, pero sabed que aunque lo abracéis y lo améis, no tiene por qué considerarse doloroso. Puede ser gozoso en el conocimiento de lo que es. Transmutadlo en júbilo. Podéis hacerlo en cualquier momento con cualquier cosa que experimentéis. Recordad el frasco de conserva del que os hablé... También podéis hacer que sea dulce.

¿Recordáis que dije que vuestros espíritus afines son todos cuerpos diferentes de energía que resuenan hacia sus correspondientes frecuencias, tanto en las dimensiones de experiencias físicas como no físicas? ¿Y qué es eso sino la simultaneidad y la multidimensionalidad? Cuando hablo de vuestro YO multidimensional, esas esencias de vosotros que se encuentran en otros planos de demostración, inmersas en distintas conciencias de distintas vibraciones, os imparten su sabiduría según vosotros lo permitís. Son vuestros espíritus afines, vuestros otros yo. Algunos de vosotros sabéis dónde están los aspectos diferentes de vosotros, aunque en realidad poco importa dónde estén en términos de lugar, espacio o tiempo. Esa dimensionalidad no importa. Lo que sí tiene importancia es que sepáis qué deseáis ahora, no que sepáis sobre ello, sino que sepáis de ello. Y conocerlo es conoceros a *vosotros*. Muchos diréis: «Pero esa personalidad específica... no la tengo en mi interior. No está en mí matar. No está en mí juzgar ni perseguir». Os ruego que os echéis otro vistazo. ¿Cómo podéis entender qué se siente al ser un perseguidor, y la sabiduría contenida en ello, si no lo habéis experimentado de una u otra manera? No tiene por qué ser físico. Para capturar en el tapiz de vuestra alma esta sabiduría, debéis experimentar su emoción. Gran parte de esto es lo que hace vuestro espíritu afín, todas sus esencias distintas. Vosotros sois un fragmento de esa esencia, y vuestras experiencias contribuyen a las de vuestro espíritu afín y las de estos a las vuestras. Así que siempre que hablo de vuestros yoes multidimensionales lo hago de vuestros espíritus afines. En realidad, todos ellos son llamas gemelas entre sí.

Hay muchos de vosotros que visitáis las tabernas, los lugares espirituales, esos sitios donde consideráis que pueden estar morando vuestros espíritus afines. No habló solo del género sexual opuesto, sino de alguien con quien podéis tener una comunión y una relación de amor mediante la identidad. Veréis, queridísimos hermanos y hermanas, al buscar de esta manera buscáis aquello que no existe, pues, si no lo reconocéis en vosotros, no podréis reconocerlo fuera de vosotros.

Lo que deseáis que se os refleje de vuelta a vosotros —lo que anheláis por encima y más allá de todas las cosas— es vuestro ímpetu para la vida. Si entendéis qué es eso, entonces lo manifestaréis para vosotros. Es estar enamorado de vosotros y tener un romance con vosotros; proporcionaros un amor incondicional, mirando más allá de lo que será juzgado como defectos en vuestro más recóndito interior. Sois los niños de los ojos de Dios. Tened una relación con el Dios de Todo, la esencia divina en el interior de todo. Participad con la naturaleza, pues también es vuestra amante. Entended el viento mientras danza y agita las briznas de hierba y revela caprichosamente la plateada parte inferior de una hoja esmeralda. Dejad que os bese la mejilla y os susurre la sabiduría de las edades en el oído y en el corazón. Realmente, el viento es un gran amante. De vez en cuando os arroja arena a los ojos para permitiros abrazar también la irritación. El viento es el aliento de la vida. Vuestra Madre Tierra respira sobre vosotros con el viento de sus tormentas y también la calma de sus mares. Aprended asimismo a apreciar los ventarrones y los huracanes de vuestra vida, ya que no son estos los que os brindan dirección, sino el juego de velas. Las velas son vuestra percepción. En verdad es maravilloso, y aprenderéis a percibir la totalidad de la vida —todas las entidades que entran en contacto con vosotros—, observándola como el viento, tan hermoso, aéreo y característico de la propia vida. Es un gran espejo, un gran maestro para vosotros. Si queréis escuchar, el viento en los sauces susurra a vuestra alma, los sonidos que hay más allá del silencio. Si queréis escuchar los latidos de la Tierra, oiréis los latidos de vuestro espíritu afín, ya que este participa en la conciencia de la Tierra, la conciencia de los universos. El «viento» os ilustrará todo el tiempo, pero lo ignoráis, y por consiguiente ignoráis a vuestro espíritu afín. «Oh, pero esto no es importante. Tengo muchas cosas que hacer. Mira mi agenda». El viento puede esperar. Lo ha estado haciendo durante milenios. No le importa esperar. Sois vosotros los que sentís urgencia por conocer la esencia del viento que también es la esencia de vuestro compañero de ser, que es la esencia de Dios.

Observáis y buscáis, y cuando llega a vosotros lo percibís como una no-cosa. No lo entendéis. Cuando Jesús llegó a este plano, le dijo a las entidades que lo rodeaban: «Partid. Estáis hechos a imagen de vuestro creador». Ese era el conocimiento de la divinidad, y también le dijo a esas mismas entidades: «Buscad entre vuestros hermanos, pues ellos son Dios», y «El amor pertenece al corazón, encontradlo en él». ¡No fuera de él! *En él*. Pero las entidades no lo entendieron. Las palabras fueron al interior de sus oídos y volvieron a salir.

Enjaezáis a vuestros posibles amantes con cuerdas de esclavitud, los enlazáis, y los situáis en la cadena de montaje, ordenándoles que cumplan con su deber. «Así es como debería ser un amante... si me amas, harás esto. Oh, pero no deberíais haberlo hecho». Eso no es amor, mis queridos hermanos y hermanas. El amor es incondicional. Permitíoslo sin importar los «debería» y «no debería» de vuestro plano. En verdad el amor es la expresión de la emoción de Dios. Os hablé de emoción, de todas las emociones del dolor, de corazones rotos, de ira y amargura, de compasión, humildad, gozo y éxtasis. Pero estas son las emociones del hombre-Cristo creado para experimentar al Dios-hombre en lo físico. La emoción del Dios Yo Soy, la divina esencia creadora dentro de todos vosotros ciertamente es amor. Elevad la vibración un octavo y tendréis gozo. Cuando fundís todas las emociones en una gran caldera y elevéis las vibraciones un octavo tendréis gozo. Esto significa que la ira, la amargura, el odio, los celos, la codicia y la mezquindad son solo amor infantil. Aún no ha madurado.

De modo que no proyectéis un ojo que juzgue sobre esas emociones vuestras. Amadlas. Haced que maduren. Entendedlas como parte que contribuye a vuestro guiso. Muchas veces es un guiso. Está bien. Todos los condimentos aportan sus propios y especiales sabores. Solo el de la pimienta puede resultar bastante interesante —a veces considerado indeseable, ardiente para el paladar y para la digestión en ocasiones—, pero el sabor de la pimienta dada en armonía y equilibrio puede contribuir con un aspecto divino a vuestra olla. Amaros a través de todas estas emociones os capacitará para amaros en los malos y los buenos momentos.

Entended al saltamontes como si fuera *vosotros*. Entended el cielo como *vosotros*. Ved vuestra cara en la cara de la luna. Todos son *vosotros*. Todos *os* reflejan. Cuando lo comprendáis, también comprenderéis que todo ello es vuestro espíritu afín. Los granos de arena, el tono púrpura de las montañas al anochecer, las notas del somormujo por la mañana, los rayos de la luna sobre el lago que proyectan su ojo sobre los amantes acurrucados bajo los matorrales en su abrazo... En verdad todo ello es *vosotros*. Lo creasteis gracias a vuestra magnífica esencia divina. El Dios Yo Soy dentro de vosotros deseó experimentar el plano de la Tierra, entender la creación y la manifestación, experimentar la dimensión de lo físico.

Las perlas de la sabiduría transportan en sí justicia eterna. ¿Sabéis lo que es la justicia eterna? Es júbilo, gozo y juegos; chapotear en los charcos de la vida, bailar en la lluvia, dar vueltas sin preocuparse del espacio ni del tiempo. La preocupación porque la vida tenga que ser de una manera es un juicio vuestro personal. Dejad que sea como es y sed felices sin importar cómo es. Dejad que juzguen los otros, si así lo desean, pero el entendimiento de la felicidad, el gozo y la falta de juicio son una elección, ¡no un resultado! Al presentarse ante vosotros disponéis de esa elección en cada momento. Una y otra y otra vez podéis elegir gozo y gozo y gozo. Liberad el tiempo de esclavitud y os sumergiréis en el momento del ahora y os encontraréis libres. La justicia surge como el equilibrio. Abrir el pecho a la Tierra, a la experiencia de la vida, sin importar cómo se presente ante vosotros, sin juicio, es vulnerabilidad. ¿Y qué es la vulnerabilidad? Permitir que vuestro corazón sea penetrado por las flechas de Eros, y tened en cuenta que sois vosotros los que tenéis el arco. Podéis atravesar vuestro propio corazón con amor divino hacia vosotros, y así lo hacéis para toda la humanidad. Atravesad vuestro pecho con este conocimiento y atravesaréis los aspectos multidimensionales de vuestros espíritus afines y os encontraréis en otra dimensión, pues habréis traspasado el continuo temporal hacia la eternidad. Eso es la ascensión. Es lo que algunos llaman el éxtasis. Es Dios realizado. Entrad en una experiencia de pasión, encended un gran fuego, sentid el calor de esa hoguera. Calentad vuestra fría espalda en sus caricias. Entended que en verdad es poderoso y transformador, aunque también os nutre y ama. Al fundiros con ese fuego, esa maravillosa iluminación de Dios, del Ser —la presencia de la fuerza creadora—, en vuestra vida caminaréis sobre brasas; pero si no conocéis el juicio, no estarán calientes.

Los rescoldos calientes son la experiencia impetuosa de vuestra vida, percibida como la fiebre divina. Muchos de vosotros habéis oído hablar de ello. Vuestras escrituras antiguas os hablan de esa fiebre divina. Es una experiencia que eleva la temperatura, una reacción química de vuestra encarnación. Cuando la energía penetra el sello de la corona de vuestro cuerpo, os fundiréis con las otras esencias que sois vosotros, vuestros espíritus afines, y os sentiréis galvanizados con mucha más energía que aquella a la que estáis acostumbrados. Vuestro cuerpo cambiará y se transformará para acomodar esa energía. Las neuronas de vuestro cuerpo cambiarán. Vuestra columna vertebral se birfurcará en dos, pues las polaridades se equilibrarán en muchos sentidos. Tanto el negativo como el positivo recorrerán vuestra columna. La sobrecarga de la glándula pituitaria, al distribuir los elementos químicos de vuestro sistema, se experimentará como un dolor de cabeza, pero es una sobrecarga. Es el botón de alarma. Es el indicador rojo. Al sonar, y cuando os llenéis el estómago con medicamentos, notaréis aún otra transformación, ya que cuando se produce una sobrecarga de la provisión de la naturaleza siempre hay otra puerta, otra abertura. De modo que la provisión de la naturaleza para esa sobrecarga es canalizar la energía a una glándula que no se ha usado durante eones de vuestro tiempo y que es la glándula pineal, que se abrirá y florecerá por sí sola. Vuestra glándula pineal provocará un aumento de la temperatura, porque distribuirá incluso más elementos químicos por todo vuestro sistema. El cerebro es un receptor. Es un instrumento. No es donde moráis, sino un grandioso instrumento que proyecta la energía para capacitar el cambio de vuestra encarnación.

Al notar las molestias y los dolores que avanzan por vuestra encarnación, será una nueva energía introducida en vuestro sistema a la que no estáis acostumbrados y que se percibe como molestias y dolores sutiles y vagos. Está alineando vuestros órganos. Algunos se disiparán. Algunos aumentarán y se expandirán, como vuestro corazón. Las cámaras no estarán divididas, y veréis que también vuestra presión arterial cambiará. Asimismo, el sistema de distribución de vuestro cuerpo en lo referente a los alimentos entrará en transición. En ocasiones experimentaréis algo semejante a una indigestión, pues se está alineando para *no* digerir los alimentos de energía más pesada, ya que en la superconciencia no compartiréis ningún alimento. Tendréis acceso directo a la energía de vuestra atmósfera y accederéis a ella siempre que haya un vacío en vuestro sistema. Se crea un vacío y el flujo fluye. Se tomará agua, pero no alimentos.

Estos cambios y modificaciones en vuestro interior se aceleran aún más de lo que están en la actualidad, y lo mismo ocurre con vuestros espíritus afines. Notan estos cambios y algunos se sienten confusos al respecto, aunque no residan en lo físico, porque incluso en una manifestación no física perciben cambios a pesar de que sean sutiles; siguen siendo cambios de frecuencias, de energía. Por ende, *al entrar en la Unicidad es imprescindible que vuestro espíritu afín también lo haga*. Se trata de una progresión natural. Algunos de vosotros percibiréis la belleza de un magnífico y maravilloso anocher de vuestro tiempo, y al aspirar el aroma del otoño, el perfume de vuestro verano, el almizcle de la vida a vuestro alrededor, de repente os sentiréis jubilosos, alegres, vibrantes, deseosos de darle al plano de la Tierra todo lo que hay, todo vuestro amor, todo vuestro Dios. Cuando experimentáis esto, también lo hace vuestro espíritu afín. Es la pasión por la vida. En realidad, es la intensidad de experimentar lo físico, aunque la pasión en lo físico también es divina y válida.

La fusión sexual con vuestro espíritu afín físico se concede a aquellas entidades que lo buscan en el exterior y que en verdad están desplegándose hacia la infinitud.

Al intercambiar energías físicamente apasionadas con estas entidades, estaréis intercambiándolas con vosotros, iluminándoos. La explosión, la culminación de dicho intercambio os llegará como una hermosa exhibición de fuegos artificiales, pues en verdad se trata de la explosión de Dios, que es la comprensión de todas vuestras versiones del espectro unidas para experimentar un éxtasis épico.

De modo que no juzguéis la pasión en el sentido físico. No es necesario obligaros al celibato para convertiros en Uno con Dios. Forzar algo indica resistencia, y si existe resistencia en vuestra conciencia, entonces no estará alineada ni sintonizada con el gozo. Os diré que la no necesidad de la fusión física surgirá de forma natural con el tiempo, y eso os llevará a la ascensión y a lo no físico. Es una progresión natural. Es entender la pasión por *toda* la vida, no solo experimentar un aspecto de una frecuencia con la que participar. El deseo de participar con otra entidad que es de vuestra esencia del alma es divino, aunque no lo encontraréis ahí afuera. Lo hallaréis en el corazón. Mirad en el espejo. Hay ocasiones en que miráis en el espejo y veis cambios y diferencias sutiles en el reflejo. Estáis viendo a vuestro espíritu afín. Veis otro aspecto de vosotros que mora en otra dimensión en el momento actual. También lo veréis en vuestros estados de sueño. Reconoced que todo acerca de vosotros es un gran espejo, incluso los objetos inanimados. También son vuestro espejo, pues los habéis creado y reflejan un aspecto de vosotros, de lo contrario no existirían.

Vuestros espíritus afines no son *como* vosotros. *Son* vosotros. Cuando sepáis de vuestro espíritu afín, se representará a sí mismo en vuestra fisiología. Hay un rubor en la mejilla, un suspiro en el pecho, y todos estaréis representando la comprensión de los cambios fisiológicos en vosotros. Os ilumináis con el conocimiento. Al extenderos y tocaros mutuamente con el corazón, con el alma, con el amor, estáis abrazando al universo. Abrazadlo con júbilo, pues en realidad es el jardín de Dios.

En la totalidad la limitación y la no limitación no se entienden como cosas separadas, sino como Unicidad. Contemplad en el espejo de la vida, y me refiero a *toda* la vida. La hierba ante vosotros es parte de la vida, comprendedla como vuestro espíritu afín, como la esencia de Dios que surge para fundirse con vosotros en esencia, y, cuando lo hagáis, experimentaréis el amor divino. Cuando experimentéis esta alineación y sintonización con el Todo-Que-Es, *vuestro espíritu afín se manifestará en lo físico como una progresión natural,* pues os habréis alineado hacia su aparición. Nacerá. Las dos llamas se fundirán en Uno y provocarán el nacimiento del Cristo de vosotros.

Todos podéis lanzaros a la densidad de la vida y a vuestras preocupaciones y consternaciones ante las actividades cotidianas, el dinero y todas esas tribulaciones. Entonces no recordaréis de forma consciente la comprensión que os he dado, pero hasta el pájaro de metal que grazna es del Cristo. Si no se emite juicio, es tan divino y válido como el prado plácido y sereno. La densidad es divina porque fue creada del Dios de vosotros, de la grandiosa fuerza creadora. No juzguéis a una entidad que no se guía por el tiempo. No la juzguéis, porque su vida es la manifestación divina creada por el deseo de su propio corazón. Cuando vivís en un no juicio constante, lo hacéis en el amor ilustrado por Jesús, el Cristo. Por lo tanto, os digo que vayáis y hagáis lo mismo. Dadle una flor de amor a toda la vida y le estaréis dando una flor de amor a vuestro espíritu afín. *Cuando esta esencia llegue a vosotros en lo físico, los dos floreceréis.*

Es difícil para muchos de vosotros entender la creación. No es externa ni está separada de vosotros. *Es* vosotros. No se trata de algo que se pueda contemplar. Es. Cuando consideráis a Dios representado *como vosotros*, entonces allí por donde vayáis crearéis jardines... incluso en vuestras selvas de asfalto, pues la vida siempre florecerá en torno a vosotros. Cuando vayáis a vuestros mercados, llevaréis un aura dorada a vuestro alrededor, y aquellos junto a los que paséis se girarán para miraros, pues sus almas habrán sido tocadas por algo con el deseo de conocer; de hecho, su alma fue tocada por el Cristo de vosotros. Al caminar entre los pueblos de la Tierra sin pronunciar ninguna de vuestras palabras o emitir grandes enseñanzas de ningún tipo, podréis tocarlos, a todos, con la rosa del corazón, y con vuestra presencia se iluminarán.

¿Oís el viento hablándoos? ¿Oís el agua mientras ríe gozosa en su camino al rebotar en torno a las rocas y deslizarse por los escarpados riscos de la vida? Hay vida a vuestro alrededor si la percibís, y la vida es el amor de Dios. Os abraza en todo momento. No necesitáis tener ese deseo ferviente de buscar al amante de vuestros sueños, pues este es la vida y constantemente os está abrazando. Permitid que os nutra y cuide, que os acaricie y abrace, *pues la vida de Dios es el amor de los espíritus afines. Cuando camináis juntos, lo hacéis con el corazón de Dios.* No necesitáis esa búsqueda del amor. Sois amados, y si lo reconocéis y percibís que ya encarnáis el principio del amor, alcanzaréis la paz. *Entonces os fundiréis con vuestros espíritus afines y esa fusión provoca milagros.*

Todos somos una familia. Vuestra familia no solo la componen los que moran con vosotros, sino los que aman con vosotros. Enamoraos de esa familia. Juntad las manos con ellos en comunión y hermandad y camaradería con la humanidad. Pues la paz solo reinará cuando reine el amor, y el amor reina supremo en el reino de Dios.

Los hay entre vosotros que contemplan lo masculino y lo femenino como un género sexual. No es un género. Es una conciencia, aunque en lo físico vuestra polaridad está representada como vuestro género, pero su esencia es una conciencia. Es el conocimiento en sí mismo. Cuando alcancéis el conocimiento del género opuesto en vuestro *interior,* estaréis en paz con *vosotros* en el género opuesto, al presentarse de forma externa a vosotros. Cuando la mujer exhibe soberanía, poder de Dios, se permite beber de la copa de su espíritu afín en lo opuesto, aquello llamado varón. Cuando un hombre experimenta suavidad y humildad y amor ilimitado, bebe de la copa de su espíritu afín y comparte la sabiduría y el conocimiento que hay en ella.

Al acercarse más y más y fundirse y beber cada vez más de la copa del otro, se convierten en Uno, en la fuerza y en el amor del otro.

De esta manera, la mujer, la comprensión de cuarta densidad de la mujer, será fuerte, poderosa, amante y bondadosa. También lo será el hombre, los dos en armonioso equilibrio entre sí. No existirá diferencia excepto en la polaridad representada por la encarnación. Así que, si sois hombres y no os preocupa ser demasiado femeninos, exhibir amor, suavidad y compasión, o si sois demasiado masculinas si sois mujeres, exhibiendo soberanía y poder, es porque estáis equilibrándoos. Apreciad lo físico. La pasión unida del hombre y de la mujer —cuando se brinda con amor y alineación con el Dios de cada uno de vosotros— no es decadente. Incluso la decadencia es vida cuando la percibís sin juicio.

Sois realmente magníficos, ¿lo sabéis? Todos sois espíritus afines. ¿Habéis considerado alguna vez, en vuestra ferviente búsqueda del espíritu afín, que este os busca a *vosotros* fervientemente? ¿Habéis considerado que también es una situación que se da a la inversa? Sois el ardiente amante de ensueño de alguna otra persona. En ocasiones alguien se sorprenderá cuando aparezcáis, pues no creerán que vosotros lo hayáis llamado. Hay mucho que decir sobre el amor a primera vista. Primero, ahorra mucho tiempo. Experimentad siempre el amor a primera vista con alguien. Cuando lo hagáis, no tendréis que echar una segunda mirada, pues al primer vistazo conoceréis a DIOS. En estos días Cupido lanza sus flechas de forma extraña, sin pensar en la edad, el credo, la raza, el color, la cultura ni siquiera en aquello que se entiende como humano.

Oíd al viento del silencio susurraros, ya que las numerosas voces de vuestro interior se fundirán en el conocimiento del silencio. No habrá charlas en vuestra conciencia, esas que siempre os instan a hacer esto o aquello. Seguiréis el silencio del deseo del corazón. Vuestro timón estará establecido en el curso del conocimiento, y sin duda la cresta de la ola será sosegada. Surcaréis la marea alta y los mares tormentosos de la vida en silencio. Pero cuando estáis demasiado ocupados con vuestras preocupaciones de tercera densidad como para notar la divinidad en su interior, lo único que oís es el caos, la confusión y el estrépito. Y está bien, pues en verdad hay divinidad incluso en la confusión, pero comprended el silencio en la confusión, la quietud en el caos. Todas las voces a vuestro alrededor resuenan.

La resonancia es movimiento, no ruido. La vibración es la vitalidad de Dios. No es la declaración. Es el silencio absoluto. El amor es tranquilidad.

Están aquellos a quienes amáis, pero a esas entidades no les decís que las amáis. Os lo tienen que sacar. Pertenece a la madurez del tiempo el extender tanto el amor como la luz. Las entidades a las que no os atrevéis a decir que las amáis, *hacedlo*. Crearéis una vibración de unidad que antes no existía. A las que os hacen temblar, decidles que las amáis. Salid y dad en abundancia. Presentadlo como un regalo de vuestro corazón a todos los que encontréis. ¿Quién sabe? Quizá uno sea vuestro espíritu afín. Cuando lo hagáis, estaréis rodeados de apoyo universal.

Quizá olvidéis las palabras que os brindo este día de vuestro tiempo, pues en realidad son la parte que no tiene sentido, pero habéis sido transformados, ya que habéis adquirido una conciencia, una novedad de conocimiento de la que carecíais antes.

Desde aquí saldréis distintos de algún modo que no sabréis descubrir. Se han apretado las teclas, las teclas del amor de Dios, del compañero de Dios, del espíritu afín.

P.: St. Germain, ¿llama gemela es un duplicado de espíritu afín?

Ambas son válidas. Una es sencillamente una versión enfática de la otra.

P.: Germain, ¿está mi llama gemela sobre el plano de la Tierra?

En el plano de la Tierra.

P.: En el plano de la Tierra... ¿en el interior?

Veréis, mis amados, los que están por encima del plano de la Tierra vienen al plano de la Tierra todo el tiempo. Lo mismo sucede con los que están en su interior, que pertenecen a la Tierra media, aunque no vienen con tanta frecuencia como los hermanos del espacio.

P.: Entonces, ¿él vendrá aquí o yo iré allí?

Eso depende de vuestra elección.

P.: Así que puedo manifestar lo que elija.

Ciertamente, los dos podéis hacerlo.

P.: ¿Tiene su número de teléfono? Es una broma...

A algunos de vosotros podría daros números de teléfono. Oigo vuestra disposición, aunque no serviría para nada, pues, cuando los conozcáis, los juzgaréis, porque os juzgáis a vosotros mismos. No ha llegado aún el momento de que los contempléis, si no, ya lo habríais hecho.

Deseo deciros las cosas que queréis saber. Deseo mucho que tengáis el deseo de vuestro corazón, y este es salir hacia la paz y el amor, para fundiros con el Todo-Que-Es, arribar a la superconciencia. No tener la dirección de vuestro espíritu afín.

P.: St. Germain, ¿podría repasar un poco las llamas gemelas?

Vuestras llamas gemelas son las vibraciones idénticas de la vibración que emitís en vuestra personalidad del Yo en este momento. Al convertiros en el Cristo, absorbéis todas las demás frecuencias de los trece cuerpos originales de la energía de la esencia del alma. Llegan a vosotros y las diferentes frecuencias culminan en Uno. De esta manera, hay más de una frecuencia morando en vosotros. De esta manera, hay más de una frecuencia que será una llama gemela idéntica, y en realidad son una sola llama gemela, ya que el Uno lo abarca todo, de modo muy similar a las células de vuestro cuerpo, forman tejidos y órganos, haces de frecuencias afines —las llamas gemelas—, aunque son parte de un solo cuerpo.

Es muy sencillo. Vosotros sois Dios. ¿Qué más hay? Vosotros sois los que lo complicáis en espíritus afines, llamas gemelas y cosas por el estilo.

P.: Así, las llamas gemelas serían espejos perfectos para cada uno y también lo serían los espíritus afines, aunque sería un distinto...

Un espectro distinto, ciertamente. Una comprensión distinta de vosotros. Vuestros órganos tienen propósitos diferentes, creados por diferentes motivos de resonancia, ya que sin ellos la encarnación no operaría. Del mismo modo, sin la multiplicidad de las llamas gemelas, la totalidad de la llama Única no sería armoniosamente entendida. ¿Lo veis? No sería completa en sí misma.

Las células de vuestro cuerpo que componen los órganos son muy parecidas a vuestras personalidades. Hay muchos de vosotros y todos abarcáis llamas gemelas diferentes. De modo que cuando consideráis vuestra totalidad como un alma corporal de esencia de energía, hay muchas más de las que jamás podríais tener en vuestra cama.

Os pido que recordéis también que vuestro espíritu afín no siempre es del género opuesto. Tenéis espíritus afines del mismo género.

P.: Pero si hay tantas, ¿por qué las llama gemelas?

Gemela significa «dos». Cuando tenéis un cuerpo varón de esencia de energía, la frecuencia femenina que es una resonancia exacta es la llama gemela. Cuando todos estos gemelos se funden en Uno, ya no se dispone de más separación. ¿Lo entendéis? Estamos hablando de horizontes ilimitados.

P.: St. Germain, ¿entonces eso significa que cada una de las trece separaciones originales de la Fuente tiene una polaridad opuesta exacta?

Igualdad exacta en la polaridad opuesta.

P.: ¿Y a qué se debe que tengamos trece espíritus afines?

El doce ilustra las doce vibraciones del color, y el trece es la comprensión del blanco —la Unicidad—, donde los doce se funden en Uno, aunque también se percibe y se conoce en la densidad. En vuestras colonias hubo doce estados y una Commonwealth. Hubo doce discípulos y Jesús. Está ilustrado por doquier. Lo mismo sucede con vuestra alma corporal de esencia de energía. La humanidad ha hecho que las cosas le sean muy difíciles de comprender y se causa a sí misma un montón de confusión. Esto es divino, pues provoca sabiduría. Sin embargo, la confusión no es necesaria. Lo único que necesitáis es la sencillez de la vida. Lo único que necesitáis es el Dios Yo Soy y lo tendréis todo. Todo lo demás no es necesario. Cuando entendáis al Dios Yo Soy, automáticamente entenderéis todo lo demás.

Os amo tanto. Aún no entendéis esto, pero todos sois mis espíritus afines, y me inclino ante vosotros al presentarme en este día de vuestro tiempo. En verdad que es un honor participar con vosotros de este modo, un honor de Dios. Cada uno de vosotros tiene una corona sobre la cabeza, y, como Dios no realizado que sois, no os dais cuenta de que la tenéis ahí, pero está, y yo me quito la corona ante vosotros, en honor de la corona que lleváis.

Amados sois todos, en verdad que sí, por vosotros y por aquello que soy yo. Nunca estoy lejos de ninguno de vosotros. Siempre estoy con vosotros, incluso en los confines de la Tierra.

Os he dado la llama de libertad de mi corazón. Os he dado todo lo que soy. Os amo en la totalidad que todavía desconocéis que sois. Estoy aquí para representar hacia vosotros aquello que ya sois. Estoy aquí para brindaros mi corazón, amados espíritus afines. Estoy aquí para abriros mi corazón, para que entréis en él y sepáis que es vuestro, y que en sus cámaras están las catedrales de los coros celestiales. ¡YO SOY, YO SOY! El amor es la emoción de Dios, y os amo, a todos vosotros. Os amo más que lo que sois capaces de concebir en la palabra amor. Os amo lo suficiente como para permitiros experimentar vuestra vida, como prefiráis elegirla. No os juzgo, porque, ¿cómo puedo juzgarme a mí mismo? ¿Cómo podéis juzgar a Dios? Os amo hasta los confines de los universos y todos los granos de arena. Os doy mi corazón. Os doy todo lo que soy, y cuando estéis atribulados o buscando, frustrados o solos, llevadlo a vuestro pecho como si fuera propio y os suplicará, os calmará y os permitirá conocer la paz que deseáis. *Sencillamente soy vuestro hermano que viene a vosotros y os ama, que viene para compartir con vosotros, reflejar hacia vosotros vuestro propio conocimiento, para amaros y que consigáis amaros a vosotros mismos y podáis amar a otros de la misma manera. Y cuando lo hagáis, la expresión física de vuestro espíritu afín aparecerá automáticamente. Parece surgir del aire, y en ocasiones en verdad que así es.*

¿Sabéis cuánto honor es llegar a vosotros de esta manera? En verdad se trata de un milagro. Adiós, amados míos.

Namaste.

Capítulo 3

Espiritualidad y sexualidad

¡SALUDOS HERMANOS Y HERMANAS!

Hay una luz maravillosa en esta comunidad vuestra [Los Ángeles] hecha de roca, de densidad... eso que se llama «jungla de asfalto». Hay iluminación por doquier, en cada célula de cada ser que es una partícula de vida. Lo que es de naturaleza de asfalto también es vida. También expresa sexualidad. Aquí tenemos un nuevo concepto. Os resultaría divertido observar los hábitos de apareamiento de aquello que consideráis inanimado. Este es un tiempo de gran engaño sobre la sexualidad, de mucha consternación, dolor, angustia y frustración; todo ello provocado por la errónea comprensión del Yo, ya que operáis en la densidad, lo físico, y experimentáis una realidad de tres dimensiones de polaridades expresadas en lo masculino y lo femenino.

Dios se contempló a sí mismo y dio lugar a la creación, aquello que conocéis como vida, en forma planetaria, animal, vida respirando hacia sí misma el Ser llamado masculino y femenino. Busca fundirse consigo misma mediante las polaridades de los opuestos, de los géneros conocidos como masculino y femenino.

Vuestra historia, vuestra cultura y humanidad de eones pasados han buscado separar la sexualidad de la espiritualidad, separar la divinidad de la esencia de Dios con el YO del Yo físico llamado sexualidad. Este aislamiento, o separación del YO, no está contemplado que el Yo busque unirse con el YO mediante la fusión de las polaridades. Por consiguiente, a través del aislamiento, de algunos votos de castidad, el YO divino queda representado sin expresión en lo físico mediante la sexualidad, y por ende es incompleto.

No hay nada malo en ello, mas le falta totalidad. Está creando un vacío. Esa es la razón por la que os sentís vacíos, ya que buscáis la otra parte del YO que solo se puede descubrir en el otro género, mediante la fusión, no solo física, sino emocional y mental, la fusión de la esencia del alma. Con ello unificáis la Fuente, la esencia de Dios de vuestro interior. Os fundís en la totalidad que emana de vuestra encarnación.

Hay mucho que decir sobre la masculinidad y la feminidad en vuestra sociedad. A través de los siglos, lo que es masculino en naturaleza se ha vuelto poderoso en este plano, pero no tanto como la feminidad. Lo explicaremos. Ya conocéis todo esto de lo que os hablo. Yo solo soy un espejo que os devuelve reflejado vuestro conocimiento a vosotros.

Eones atrás en vuestro tiempo, se asumió tanto por el varón como por la mujer que el propósito de esta era complacer la esencia soberana, lo masculino. A ambos les resultó aceptable y permitieron que fuera realidad, tal como se entendió en aquellos días. Por consiguiente, la mujer, para su sostén y apoyo vital, buscó complacer al soberano, al líder del harén. El valor que se le dio a la feminidad se basó únicamente en la edad, la belleza y la capacidad sexual. Se ignoró el verdadero valor de la esencia de Dios en ella. Estos son los sistemas de valores que se han arrastrado hasta la actualidad. Vosotros transportáis memoria de la esencia del alma, no solo de vuestro pasado, sino también del pasado del género opuesto, ya que todo forma parte de la conciencia global, y, al ser colectivamente de la conciencia global, todos participáis en ella. Es vosotros, en ejemplificación del todo; microcósmica en vosotros, macrocósmica en la sociedad.

Este sistema de valores ha creado miedo en la mujer porque no habéis sido valoradas por vuestra esencia divina, sino por lo que es superficial en naturaleza. Ciertamente, la feminidad es de la oscuridad. ¿Sabéis por qué? No se entiende. La mística femenina siempre ha sido misteriosa, de la oscuridad. ¿Qué es la oscuridad? No estar en la luz. ¿Qué es la luz? Es la comprensión consciente. El útero es un lugar de oscuridad, y la oscuridad tiene mucha validez en la Fuente, en Dios el Padre, al igual que la luz. Sencillamente son reflejos distintos del otro.

Lo que es de la luz se considera poderoso, pero la oscuridad, aquello que es femenino por naturaleza, es la capacidad de penetrar en lo que no es perceptible y curar a un niño, o hacer predicciones... Eso es la feminidad. No es necesariamente de la mujer, pero es feminidad. Cada uno de vosotros lleva en su interior tanto la masculinidad como la feminidad. Cada uno de vosotros, sin importar cómo se represente en lo físico vuestro género.

Esto ha sido temido por el hombre durante eones, esa mística que es incapaz de comprender con su mente lógica, por lo que buscó dominar, suprimir y perseguir a la mujer con el fin de sentirse más poderoso. Ello condujo a un desequilibrio crucial en la percepción del hombre y de la mujer como géneros iguales. Y, creedme, todo esto de lo que os hablo se relaciona con la sexualidad, ya que tiene que ver con el modo en que tenéis relaciones entre vosotros y cómo interactuáis uno con el otro a un nivel sexual. A medida que abramos más y más este tema para que compartáis el conocimiento que radica dentro de todos y cada uno de vosotros, también compartiréis el conocimiento de vuestra sexualidad. Vuestra espiritualidad (aquello que es la esencia de Dios ejemplificado en vuestro interior) y vuestra sexualidad (aquello que es la esencia de Dios ejemplificado en vuestro físico) son realmente uno y lo mismo. Habéis buscado separarlos, y por ende estáis separando la interacción física de aquello otro que es la representación divina de la Fuente. La estáis aislando y separando, diciéndoos, mientras participáis en relaciones sexuales: «esto no es divino».

Y así, durante eones, habéis buscado suprimir vuestra sexualidad por la espiritualidad, abandonando una en favor de la otra, o eso percibíais que era, cuando en realidad ambas eran manifestaciones divinas del YO Dios. No hay nada malo en expresar vuestro género a través de la fusión física, expresar vuestro género de conocimiento, no solo el cuerpo físico, sino el conocimiento. Lo masculino es soberanía, la corona de vuestra alma. Lo femenino es humildad y amor incondicional, el corazón dentro del pecho de vuestra alma, y juntos componen una única esencia del alma. La fusión de los dos, esa urgencia en vuestro ser durante tantos siglos, *esa urgencia de tener relación sexual entre hombre y mujer, ha sido la urgencia del alma de fundirse con las dos partes del YO.* Ese es el motivo por el que la ijada tiene pasión. El alma desea expresar una y otra vez lo que es fundirse con el YO, permitiros que conozcáis el éxtasis a un nivel físico, para que podáis conocer un éxtasis mucho mayor a un nivel del alma.

Otra cosa que no se ha contemplado en vuestra sociedad es el vacío, la oscuridad, el lugar hondo y misterioso de la nueva vida, el nuevo nacimiento, llamado útero, esencia femenina. Eso en sí mismo es la naturaleza del cuerpo físico, aun cuando sea varón. Su naturaleza es femenina. Dejad que os lo explique. La encarnación física está compuesta de átomos —átomos, electros, positrones—, y hay mucho más espacio que densidad. La misma naturaleza de la encarnación física expresa más vacío que materia. Es un receptáculo. Es receptiva. Siglo tras siglo, la encarnación física busca con fervor fundirse con la esencia del alma. Es receptiva a la esencia más grande conocida como vosotros, y también como Dios. Ese es el motivo por el que tenéis ese deseo ardiente de llegar a ser. Vuestra encarnación y aquello que es vuestra esencia representada en este plano de la Tierra es un fragmento de la totalidad de vuestra esencia, es receptiva en naturaleza. Es el lugar de nacimiento de la nueva vida llamada Dios ejemplificado. Todo vuestro receptáculo o templo, vuestro cuerpo, varón o mujer, es femenino en naturaleza. El planeta es femenino; el sol es masculino, y tienen una relación sexual el uno con el otro.

Lo que es masculino en este plano de la Tierra está experimentando algo que las mujeres llevan experimentando desde hace siglos, y a eso se le llama cambio. Según vuestra sociedad, es tradicional para la mujer dejar a su familia e irse a vivir con el hombre de su elección, cambiar sus circunstancias, en ocasiones su nombre, y, si se presenta algo terrible o una crisis, cambiar sus circunstancias externas y acomodarse al varón. Ahora estos están aprendiendo a cambiar. Se vuelven suaves, compasivos, cariñosos, más contemplativos, menos propensos a los juicios. No están encarnando todo esto ahora, sino que se trata de una apertura que experimentáis en el plano de la Tierra.

¿Sabéis por qué hay tanto cambio ahora, no solo en la conciencia global, sino con la sexualidad masculina y femenina representada a través del género masculino? Se debe a que la misma Madre Tierra está cambiando, desplegándose y trayendo nueva vida y nueva luz a su planeta llamado Tierra. El cambio está representado en cada foco de energía sobre este planeta, incluyendo la sexualidad. Aquellos que tradicionalmente han encajado en un molde han sido aceptados en lo que llamáis historia y lo que permitís que sea. Los que no encajan en el molde son los que están involucrados y experimentan la fusión y la unificación de su masculinidad y feminidad. Por eso no encajan en los moldes preconcebidos, y, sin embargo, están aislados de la sociedad y son juzgados menos que divinos, porque son en verdad divinos y están experimentando su divinidad.

Existe el miedo al dolor, y el miedo que entra en vuestra relación sexual debido a las heridas y a las experiencias previas. No deseáis que os escupan de nuevo. Veréis, la vulnerabilidad no es más que la humildad sin el equilibrio de la soberanía. No hay nada malo en ello. Sencillamente no está equilibrado. Por ello os sentís tan vulnerables. Aún no habéis experimentado vuestra soberanía, no hay nada que temer sobre nada. Si en verdad sois soberanos, sois conscientes del poder que hay en el asiento de vuestro ser unido al sello de vuestro corazón. Cada vez se comprende más que en la sexualidad es necesaria una conexión del corazón para fundirse en armonía. Una fusión armoniosa del Ser permite la conexión del corazón, el amor incondicional de ambos, y, por ende, la penetración de la Fuente a través de ambos. Es un canal al que se le permite ser en vez de permanecer embotellado. Lo que se teme es la esencia femenina. El vacío es lo que se teme, y, por consiguiente, al ser objeto de temor creciente, se le permite cada vez menos entrada en la experiencia de la circunstancia vital. Entonces renunciáis a expresar físicamente aquello que sois.

La fusión es divina. También es divina si es experimentada armoniosamente, ya que la Fuente no emite juicios, tampoco la esencia de Dios.

Sin embargo, digamos que os resultará más fructífero si la permitís con la conexión del corazón, porque cuando os fundís no solo lo hacéis en lo físico, sino también con el alma, con el cuerpo emocional y sus energías. Es un entremezclarse de las energías, y lo que os lleváis a vosotros no es solo una pasión liberada, sino la memoria de la esencia del alma de la persona con quien os habéis fundido, debido a la existencia de esa mezcla. *Ese es el motivo por el que tenéis esa enfermedad que campa en vuestro plano ahora, aunque la entidad con la que os hayáis fundido no la tenga residiendo en sus células, sí la tienen en su memoria del alma, porque se han entremezclado con otros que la tienen de residente en su memoria del alma.* De modo que os resultará muy armonioso y fructífero fundiros con aquellos que tengáis una conexión de sello del corazón.

Expresar vuestro género sexual físicamente y tener una relación sexual en verdad es divino. ¡El alma y el cuerpo son uno! Lo que es divino y lo que es físico son uno... ¡no separados! La sexualidad es esencia divina. El núcleo de ello es que estáis fundiéndoos con vosotros mismos, y por ende la Fuente se funde consigo misma. El dolor dejará de ser cuando estéis en verdadera alineación con la Fuente de vuestro ser, pues no temeréis y no conoceréis la frustración. La castidad también se alineará en el proceso conocido como unión física: relación e interacción con el elemento llamado Dios que es de la polaridad opuesta. Al hacerlo, descubriréis que las energías se mueven de vuestras raíces e ijadas a la zona conocida como plexo solar. Entonces tendréis una pasión, no necesariamente de la ijada, sino una de poder y de soberanía. Al equilibrar esto y fundirlo en hermandad con el sello del corazón, dispondréis de una pasión para el amor incondicional, junto con la soberanía, que es el verdadero Dios ilustrado, alineado, equilibrado y en armonía. Luego veréis que no solo sube en naturaleza, sino también en frecuencia hacia el sello del corazón. Cuando lo hagáis, al caminar sobre este plano de la Tierra os encontraréis en una relación sexual con toda la esencia que es la vida. El rocío sobre las hojas, un amanecer, las montañas teñidas de púrpura, todo es sexual en naturaleza.

Tenéis una relación sexual con todas las facetas de la vida. Como Dios realizado, en esta fusión llamada sexualidad tendréis éxtasis con todas las facetas de la vida, con los fragmentos del YO, los fragmentos de Dios. Tendréis el amor pasional ejemplificado. Vuestro ser estará en llamas cuando la antorcha de vosotros se encienda en fuego e iluminación divinos. Es una antorcha que tampoco se extingue, pues al continuar se convierte en la misma Fuente ardiente, ya que deja de ser residente en la corona y avanza, y os fundís con la Fuente en lo que ahora se llama ascensión. Por lo tanto, se vuelve la urgencia de la Fuente y no de la personalidad. Al acomodar esta elevación en frecuencia desde la ijada hasta la corona, pasaréis por un gran cambio, transición, adaptación, ulterior apertura y mayor conocimiento. Encontraréis que vuestra vida se alinea. Encontraréis vuestra experiencia gozosa, que vuestras relaciones son armoniosas. Encontraréis vuestro amor ejemplificado en todas las esencias existentes a vuestro alrededor. *Os encontraréis siendo real y verdaderamente felices.* El gozo que surge de esta fuente de comunicación extática con el género opuesto y a través de él con el vuestro propio —mediante las polaridades diferentes que están ejemplificadas en todo este plano— hará que la fuente extática borbotee y brote, y os convertiréis en la corriente de fluir eterno llamada Dios. Al mirar en vuestro espejo, sabréis que tenéis una relación sexual con vosotros y con Dios.

¿Qué es Dios? Siempre cambia, siempre está en movimiento, creando y produciendo. Es tanto la esencia activa y productora llamada varón como el grandioso y misterioso vacío llamado mujer. Es las dos cosas. Al ser creados a semejanza de Dios, vosotros contenéis ambas, siempre en cambio, en creación, produciendo y siendo un vacío muy misterioso que la mente consciente no entiende.

¿Por qué creéis que sois tan enigmáticos, no solo para otros sino para vosotros mismos? ¿No entendéis por qué tenéis frustraciones con vuestra pareja y amante? Se debe a que no comprendéis la naturaleza de vuestra sexualidad y, resultado de ello, la de la Fuente. Uno de los motivos por los que el varón siempre ha albergado resentimientos y ejercido cierto dominio sobre la mujer es porque la naturaleza sexual de la mujer siempre se ha percibido como la más poderosa.

Una mujer puede mantener un amante mientras lo desee, ¿verdad? Por ello, durante siglos, los varones han empleado su propia soberanía para dominar a las mujeres, ya que se sentían impotentes. No comprendían la divinidad de la soberanía que ejemplificaban en su propio género, diferente en naturaleza pero igualmente válido. Las propias mujeres han aceptado. Fue mutuo. Entended que fue por este acuerdo por el que estáis familiarizándoos con lo que es ser varón y ser mujer.

La sexualidad es el medio de expresar y experimentar la armonía y la reunión.

Lo conseguís experimentando primero la separación, ya que solo a través del contraste podéis conocer qué es la reunión.

Preguntas y respuestas

Ahora permitiré que haya un foro. Podéis preguntar lo que queráis.

P.: Algunos libros dicen que podemos crear lo que deseamos, y que lo único que debemos hacer es concentrarnos y se manifestará. Lo he estado intentando y no estoy muy seguro acerca de mi éxito, y realmente no me siento muy satisfecho con los resultados. La enfermedad sigue siendo parte de mi vida, junto con la falta de esa relación con una mujer, y ya estoy a punto de dejar de intentarlo; quizá ese es el secreto. Creo que he pasado demasiado tiempo tratando de hacer que suceda.

Hay varios temas que enfocar aquí. Aprecio tu colaboración, queridísimo hermano. Tocaré cada uno. Intentarlo solo indica que dudas de los resultados, de lo contrario no lo intentarías, porque sabrías que ya existe. Provocar una relación con una mujer, o con un hombre para las mujeres presentes, no acontecerá a menos que ya seáis felices y estéis alineados con el gozo. Como manifestante, si proyectáis el gozo y vuestro Ser divino del YO fuera de vosotros mismos hacia otra entidad, ello indicaría falta de gozo en el Ser que sois y ausencia de conocimiento de vuestra divinidad soberana, pues buscáis expresar la unión con la Fuente con alguien que no es vosotros, y en realidad, hermano, esto es de vosotros. Cuando lo sepáis en el corazón y no con el intento, el pensamiento y la contemplación y el deseo de que se manifieste, sino que lo *sepáis*, entonces acontecerá.

Al emitir el pensamiento divino y *saber que ya está*, este manifestará el gozo de vuestro ser, que os permitirá que lo que deseéis se manifieste hacia vosotros. Si en vuestro interior sentís frustración, miedo y cautiverio, entonces hay una mala alineación y la capacidad manifestante de Dios, que sois vosotros, también estará mal alineada y no fructificará porque albergáis dudas, y esta duda se tornará aparente en vuestra manifestación y sabréis que no tendrá lugar. Pero si sabéis que sí *es*, no que será, sino que ya ES, aunque aún no se haya manifestado físicamente, entonces será.

Los achaques y las enfermedades son expresiones del Álter Ego en vuestro ser que os dan motivo para dudar de vuestra capacidad de divinidad, que os dan un punto en el que contempláis que quizá no seáis tan soberanos. Ciertamente son divinos en su esencia porque os permiten demostraros que sois soberanos al facilitar que la alineación acontezca y la enfermedad se disipe. Veréis, la comprensión de Dios está cómoda con el Ser, con Todo-Lo-Que-Es. *Y cuando estéis cómodos con vuestra vida tal como es, aparentemente sin cambios, entonces aparecerán los cambios que deseáis.* Lo que llamáis enfermedad es «no estar cómodos». Eso se aplica a vuestra sexualidad también y a la gran enfermedad de vuestro plano. No estáis a gusto con vuestro género ni con vuestra propia naturaleza sexual. La naturaleza sexual es solo polaridad expresada a través de la Fuente, y al arribar al gozo del momento, sin relación y sin unión física, entonces acontecerá la ilustración armoniosa de vuestra encarnación. Estad en paz. Sabed que sois Dios, que sois amor, que sois la divinidad ejemplificada y que todo en vosotros refleja todo lo que sois al nivel de la Fuente... Todo lo que sois al nivel del alma. Si el reflejo os devuelve falta de armonía, discordia e infelicidad, eso significa exactamente que no estáis cobrando conciencia de que Dios habita en vuestro interior. Dios no es infeliz. Dios no está sin armonía o discordante con las circunstancias de la vida.

Sabed que sois una expresión divina, que sois los dos géneros. Quizá vuestro cuerpo sea uno, pero en realidad sois los dos, y todo se curará a sí mismo. La sanación es sencillamente energía de amor que no permite división ni una mala alineación. Amad incondicionalmente Todo-Lo-Que-Es, *como* es.

P.: *St. Germain, ¿está a favor o en contra de las relaciones monógamas?*

De ninguna, ya que cualquiera es un juicio. Cuando estáis a favor de algo también es un juicio, pues implica que estáis en contra de otra cosa, ¿correcto? La monogamia es asimismo una servidumbre o una limitación, porque es una expectativa. No hace falta tener una relación monógama con otra entidad. Sin embargo, mientras tengáis una relación monógama con vosotros, así es como resultará. La promiscuidad solo conducirá a una mayor frustración de un dios, porque la búsqueda de esa unión que permitirá el conocimiento de lo que es la polaridad no está estableciendo la conexión del corazón. Es superficial y, por ende, los participantes no se realizan. Eso es lo que provocó la revolución sexual de hace décadas, promiscuidad socialmente aceptada, pero seres nada realizados, porque no hallaban el asiento de su poder en la unión soberana. Quizá no tengáis físicamente una relación en el plano de esta Tierra. No hay nada de malo en eso, porque no necesitáis experimentarla hacia el exterior, pues ya la habéis experimentado y capturado el conocimiento en vuestro corazón. Muchas entidades buscan participar en la fusión y la unión físicas, ya que buscan qué significa ser Dios expresado en el género opuesto, en una situación de polaridad, receptora y penetrador. Veréis, eso es lo que tienen en común el sol y la Tierra. El sol es un penetrador y la Tierra una receptora, y en ambos hay una relación sexual muy acentuada.

En verdad que el cambio tiene lugar en la Tierra como sus estaciones. Lo femenino en la humanidad física también tiene sus estaciones, y estas surgen como el nacimiento de una vida nueva. La primavera es el periodo de renacimiento, y tiene lugar una y otra y otra vez, sin cesar. Es el hombre limitado el que ha permitido la finalización de esa productividad de la mujer. El cese del periodo en una mujer, proceso que habéis llamado el fin de la edad de gestación, no tiene por qué ocurrir. Es una conciencia de masa y densidad limitadas. Esa estación no solo acontece con la mujer y la Tierra, sino también con el hombre y el sol, aunque es menos aparente. Todo está cambiando siempre, pues la naturaleza de lo físico es femenina. Esa es la naturaleza de vuestra encarnación y de vuestra esencia del alma, una receptividad —a la captura de sabiduría en las circunstancias— en constante búsqueda.

Vivís en una sociedad masculina que desea tener todos los espacios llenos. Esa es la urgencia masculina: llenar un espacio. No le da validez al hecho de que se puede llenar un espacio con vacío, oscuridad, misterio, feminidad, belleza y vida. Podéis llenar esa capacidad de espacio con vacío. Es una paradoja, llena y vacía a la vez, esencia y no esencia. Es la misma naturaleza de las polaridades, de los géneros, de la sexualidad.

P.: ¿Por qué cambian las relaciones? Si alguien tiene intimidad sexual con otra persona y luego cambia y surge el divorcio o la separación, ¿por qué es así?

Primero, porque así lo elegís y, segundo, porque la vida es un constante cambio y, a medida que os rodeáis de las circunstancias de la vida, respondéis a diferentes circunstancias para una ulterior apertura. Os movéis en el flujo de la vida y en torno a recodos. Por consiguiente, os encontraréis en circunstancias que os permitirán saber qué es el cambio, ya que no se puede capturar la sabiduría sin contraste. Forma parte de la experiencia de todos vosotros saber qué se siente al ser perpetrador y perpetrado. De modo que al experimentar la separación no la consideréis ni la percibáis como una separación verdadera. Consideradla una circunstancia que os permite la unión con la Fuente, pues os permite saber que en verdad sois Dios manifestando circunstancias sobre vosotros según vuestra propia apertura, vuestro propio cambio. Vuestra vida cambiará y solo Dios puede realizar un milagro semejante.

P.: Creo que ha estado hablando sobre la Unicidad al nivel del alma y me pregunto si el único momento a nivel físico en que uno en verdad es uno, masculino y femenino, es durante el acto de la relación sexual.

Pero la relación sexual no tiene por qué ser física.

P.: Bueno, pero hablemos durante un momento de la relación sexual física.

De acuerdo. Un tema popular en este plano. La relación sexual física solo es una acción recíproca con penetración y recepción. Os permite la explosión extática llamada unión completada. Lo que se emite es fluido. La fluidez del conocimiento escapando en la compleción de las polaridades conocidas como varón y mujer simboliza la introducción de Dios. Todo en lo físico tiene una representación y significado simbólicos en la esencia espiritual o del alma o comprensión de Dios. Todo lo que consideréis espiritual, o esencia de Dios, también está representado simbólicamente en lo físico. Eso es lo que se quiere dar a entender con la frase «igual que arriba lo es abajo».

Lo que una entidad en una encarnación busca mediante la relación sexual física es el conocimiento propio. *Dios busca conocerse a sí mismo a través de la unión de las polaridades.* Sin embargo, durante eones se ha malentendido y se le ha atribuido un sentido que no pretendía tener. Se ha convertido en tercera densidad. Se ha vuelto superficial, y está bien. Os proporciona contraste. Es divino. La propagada enfermedad sobre vuestro plano os permite conocer vuestras elecciones, vuestras opciones. Una es la promiscuidad, y el deseo ferviente de buscar aquello que sois vosotros. El amor ha sido el razonamiento que había detrás de gran parte de esta fusión promiscua. Buscar una pareja solo para ser abandonado, ¿qué significa? Buscáis el amor, pero no podéis tener amor fuera de vosotros mismos hasta que en vuestro propio pecho tengáis amor hacia vosotros mismos. Por ello os sentís abandonados, ya que os habéis abandonado a vosotros, y ello está representado como una realidad manifestada fuera de vosotros. Disponéis de la opción de la promiscuidad. Disponéis de la opción de las relaciones monógamas y, queridísimos hermanos y hermanas, tenéis la opción de la unión sin lo físico. No hay nada malo en ello, pero *la experiencia más armoniosa sobre el plano de esta Tierra, como Dios hombre, es uniros en lo físico con otra representación de vuestra propia esencia del alma, aquello que muchos han llamado espíritu afín.*

Al entrar en la superconciencia, en realidad experimentaréis esto, pues la fusión en ese punto de vuestra apertura y la del plano de la Tierra solo será con un espíritu afín; os abrís hasta el punto en que atraeréis a vuestro espíritu afín, magnéticamente, electromagnéticamente. Es una llamada, y ellos responderán e irán hacia vosotros. Aquello que mora como esencia no física y que es vuestro espíritu afín estará encarnado de forma que podáis experimentar la compleción y la unión. Quizá solo sea un instante, ya que se encarnará, tal vez si así lo elegís, en el momento de la ascensión. No tiene por qué demorarse mucho para tener una explosión extática de unión tal como se percibe la realidad en este plano.

La feminidad es la intuición, el conocimiento sin explicación y lo que se ha llamado sanación como amor. Eso es la feminidad. Y no debe tener necesariamente un cuerpo de mujer. Gran parte de este temor viene de eones pasados, cuando el hombre y la mujer colaboraron en la elección de traer una nueva vida con dolor y con inminente cese de la encarnación. Muchos de vosotros tenéis memoria del alma del cese de vuestra encarnación a través del nacimiento de una nueva vida, ¿y qué es lo que buscáis ahora? Vuestra nueva vida, el nacimiento de un vosotros nuevo. Ese es el motivo por el que tantos de vosotros tenéis miedo. Existe una urgencia en vosotros. Sois fervientes, pero a la vez timoratos. Por ello os aferráis y titubeáis. Es por ello por lo que tantos de vosotros, aun cuando lo meditáis, contempláis y pensáis, no habéis llegado a la apertura y madurez. Se debe a que hay un miedo al nivel del alma. No es consciente, sino una memoria. Alinead esa memoria con el conocimiento de que era para un objetivo divino, para sacar el cese de la encarnación y aquello que se percibe como dolor con el fin de introducir una nueva vida, permitiendo que una esencia conozca lo que era experimentar la feminidad de esa manera. Alineadlo con la soberanía y divinidad que representa y no temeréis el nacimiento del nuevo vosotros en circunstancias armoniosas, en paz.

La actividad frustrada genera una actividad frustrada. La frustración dentro del apaciguamiento sexual solo genera más de lo mismo, ya que carecéis de luz, estáis en la oscuridad, si así lo preferís, de aquello que es vosotros, que es ambas polaridades, positiva y negativa. No hablo solo de géneros, hombre y mujer, sino de creatividad e intuición organizadas. Las dos son aparentes en toda entidad, y, cuando lo reconozcáis, ya no estaréis frustrados, pues realizaréis vuestro espectro... todas las frecuencias extendidas ante vuestros ojos, y eso *es* vosotros. Cada frecuencia de la luz *es* vosotros. Sois prismáticos, pero solo estáis viendo, percibiendo y conociendo una o dos de las tonalidades que están representadas por vosotros. Una de las tonalidades que se percibe es vuestro género, que se manifiesta de forma física.

Se entiende el género masculino como el superior, pero no es ese el caso. Los dos son superiores. No hay nada malo con la masculinidad. Es realmente exquisita, hermosa más allá de la comprensión de los hombres de este plano, mas también hay una belleza exquisita en la oscuridad, en lo que es del útero, y que la mente consciente no percibe. Si tenéis algo en el inconsciente, es femenino, ya que no resulta concretamente aparente. Está en la oscuridad... velado. Cualquier cosa que no esté organizada exteriormente y sea percibida de forma concreta y tangible es femenina. Por ende, todas vuestras religiones y dogmas espirituales a lo largo de los siglos son femeninos, aunque se hayan percibido a sí mismos como masculinos. Aquí es donde entra en juego el caos.

En el siglo xv había una comprensión organizada que se llamaba de la luz. Se la conocía como Iglesia Católica. Buscaba con vehemencia abolir la oscuridad y comenzó a separar a los judíos y a la gente oscura. Luego atacó la mística femenina..., no a la mujer, sino a su mística. ¿Por qué escondían y ocultaban la mística femenina con sus atavíos? Por entonces la mística femenina era conocida como el arte. Era una percepción no tangible, por ello erradicaron todo lo que no fuera de la luz, lo que no perteneciera al poder masculino dominante. Ese es el motivo por el que eran predominantemente masculinos en su organización. ¿Habéis oído alguna vez de un papa o cardenal mujer? Continuó en el siglo xvii con la Inquisición, las crucifixiones, las incineraciones y persecuciones para erradicar la oscuridad, que era la feminidad, lo misterioso que estaba amenazándolos porque no lo entendían. Veréis, a la esencia masculina le resulta amenazador aquello que no entiende. Y ello prosiguió hasta lo que tenéis en la actualidad en vuestro tiempo, que es la incomprensión y la falta de armonía entre las creencias religiosas en el cristianismo o la espiritualidad, una mala comprensión de la escenificación de la esencia de Dios. Todos participan individualmente en el drama de la conciencia de masa a través de las relaciones sexuales.

Ahora es momento de señalar el conocimiento de lo que os ha proporcionado ese drama. Toda esa inquisición y persecución os ha dado mucho. Es bendita porque os ha proporcionado el conocimiento de dicha experiencia, de lo que es ser perseguido por ser mujer, lo que es sentirse confundido por ser hombre, de lo que es sentirse confundida por ser mujer y ser perseguida cuando crees que nada has hecho. Eones atrás, si una entidad nacía mujer, era abandonada. Muchas se amontonaron y fueron devoradas por los buitres porque no eran soberanas. En aquellos tiempos sus almas carecían de valor, mas todo ha sido con el propósito del conocimiento divino y para aportar experiencia... ¡Bendito sea todo! No hay juicio sobre ello, pero podéis coger la cesta de pan que se os ha dado a través de la experiencia. Compartidla. Alimentaos con ella. Cuando lo hagáis, os alinearéis y tendréis armonía con ambas polaridades. Al realizar vuestra soberanía, no experimentaréis disensiones entre el hombre y la mujer en vuestra expresión sexual, pues se realizará como soberana y divina.

El juicio de vuestras encarnaciones... ¿sabéis que solo las mujeres son tan críticas con ellas? La mayoría de los hombres no siente preocupación alguna. Ello se debe a que las mujeres han sido muy juzgadas y perseguidas si no poseían la belleza, edad y atractivo sexual deseados. Por consiguiente, al acceder al conocimiento de que vosotras las mujeres también sois hombres —que son soberanos, de la luz, el reino realizado, manifestante, creador, belleza que aporta luz—, sois el sol y el hijo. Al ser hombres en vuestro conocimiento, no os convertiréis en ninguno, porque seréis ambos. Cuando esto ocurra en cada uno de vosotros, incluyéndoos a los hombres —a medida que capturéis en vuestro ser la suavidad, la compasión, la intuición, el amor, el vacío que llaman oscuridad y que no es comprendido—, al adquirir el velo y apreciar el misterio y el asombro de la vida, también os permitiréis ser hombre y mujer, sin juzgaros basándoos en la conciencia social. Al capturar ambas, seréis Dios ejemplificado, pues Dios tampoco es uno solo. Asimismo, os preocupará menos lo físico. No pondréis tanto énfasis en la apariencia. Al liberaros a la Fuente y entregaros a Todo-Lo-Que-Es, llamado Dios el Padre (así lo llamáis y no es un hombre), al abandonar vuestra consternación sobre el aspecto físico, he aquí que os convertiréis en manifestantes. Entonces podréis manifestar vuestra encarnación del modo que lo deseéis. Seréis capaces de manifestar y crear para vosotros la hermosa encarnación que queráis, pero solo después de haberos desprendido de su importancia.

La mujer siempre ha estado tan preocupada con la apariencia, debido a que en el pasado, eones atrás, gracias a ella era como conseguía su sustento. Así es como recibió su vida. Solo se le concedía sustancia si era hermosa, joven, sexual y sensual. De lo contrario, era arrojada al montón junto con las demás cosas inservibles. Ese es el motivo por el que vuestra cultura le pone tanto énfasis ahora. No tiene por qué ser así, y a medida que lleguéis a la fusión del conocimiento, el varón de la mujer dentro, la mujer del varón dentro, todo ello se disipará y únicamente habrá paz, armonía y amor. No tenéis por qué estar tan preocupados acerca de si sois sexualmente atractivos o no, ni las mujeres ni los hombres. Los hombres no tendrán que ocultar sus calvicies y las mujeres no tendrán que esconder sus puntos excesivos. Os regocijaréis en vuestro Ser.

P.: ¿Podría extenderse sobre la relación sexual que tenemos con él sol y la Madre Tierra?

El deseo de las entidades de gozar bajo el sol es por hacerlo en la luz, en el poder, en la energía creativa expresada en una comprensión organizada llamada rayos de luz. También con la Madre Tierra tenéis una relación sexual. Cuando deseáis sustento, os dirigís a la Madre Tierra, a alimentaros de su agua, del océano y de su flora; para caminar por la tierra descalzos y correr libres por los campos. Eso es libertad. Es alimentarse y sentirse sustentado. La profundidad de la oscuridad es del océano, de la oscuridad del suelo y de la profundidad de las cavernas. Este es un símbolo femenino en su naturaleza. Los ríos que fluyen... ella tiene sus estaciones. Lo abarcáis todo, pues os afecta a todos vosotros, y cómo os afecta es lo que quiero dar a entender con relaciones sexuales. Os sentís sustentados por la Tierra. Os sentís habilitados por el sol: energía solar, poder. Veréis, el agua también tiene poder. No ha recibido el crédito ni la validez como una igual del sol soberano.

Hubo muchas entidades en las culturas del pasado —egipcias, sudamericanas, etc.— que adoraban al sol. También adoraron a Jehová [energía masculina, el Álter Ego personificado] y asimismo adoraron la esencia que es Dios —la fuerza creadora— como varón. Dios no es varón. Ellos lo han llamado Dios, el Padre, porque le han dado las características y le han asignado el ser que es soberano y poderoso, y a veces le han arrebatado el equilibrio y la armonía del amor incondicional, sin el apoyo, el sustento y el misterio. Si hay algo que sea misterioso, ese es Dios, lo que también indica que Dios tiene tanta esencia femenina como masculina. La lluvia en vuestro plano es femenina, pues cae de los cielos. Induce calma. Por ello es tan rítmica, te induce al ensueño porque nutre, sana y produce abundancia en los campos, pero lo mismo hace el sol con el brillo soberano de sus rayos. Ambos son válidos y maravillosos, y los dos están en relación sexual, pues la sexualidad no es más que la comprensión de las polaridades.

P.: St. Germain, ¿tener experiencia sexual con todo lo que existe es hacer el amor con todo lo que existe, experimentar el éxtasis y crear la belleza?

Ciertamente, y estáis reestableciendo su validez en vuestro propio ser. Gracias.

P.: St. Germain, la homosexualidad y la bisexualidad han existido en todos los tiempos. Creo que fueron más aceptadas en lo que llamamos historia. ¿Por qué la sociedad actual se ha vuelto tan crítica?

No se las juzga más ahora que entonces. Siempre se las ha juzgado, pues se consideraron y percibieron como antinaturales, mas todo lo que existe es natural, de lo contrario no existiría. Fundiros con vuestro propio género es simplemente expresar el miedo por el género opuesto por infinidad de motivos. La fusión del varón con el varón es la búsqueda del vacío, sin experimentar el miedo representado por la mujer de verdad. La mujer con la mujer experimenta la pasión por la sensibilidad y el dar mutuo, no solo de placer sensual, sino de sustento emocional, sin arriesgar la contemplación del varón representado en lo físico.

El instinto de preservación vital en toda la humanidad es tan intenso que permite el sendero del menor riesgo. Abrirse siempre ha sido considerado como algo arriesgado, ya que, debido a la apertura en relaciones pasadas, ha encontrado mucho dolor, frustración y desolación. Entonces os decís: «¿Por qué he de abrirme otra vez para que vuelvan a herirme?». Lo consideraríais arriesgado. Os convertís en el vacío cuando abrís el sello de vuestro corazón para permitir el intercambio mutuo —llamado relación sexual— no solo en lo físico, sino en otro tipo de intercambio. Buscar fundiros con el vacío es buscar fusionaros con el vacío llamado la Fuente, pero en una comprensión microcósmica, en este plano de la Tierra en las relaciones físicas. Por ende, os cerráis y os separáis de vosotros mismos, y al hacerlo dejáis de ser receptivos. Entonces buscáis relaciones sin riesgos, sin riesgos percibidos. Muchas veces recurrís a vuestro propio género, porque lo conocéis. Lo consideráis seguro. Ese es el motivo por el que lo haría una entidad. Y se las juzga porque no se sabe *por qué* lo hacen. Pertenece a la oscuridad y se considera antinatural. No es la práctica aceptada, la actividad conocida. Por consiguiente, se considera que pertenece a la oscuridad. Todo lo que es de la oscuridad es femenino en naturaleza y siempre ha sido juzgado, debido a la naturaleza de este plano y a la naturaleza de la separación.

Cuando Dios contempló el YO y decidió crear la experiencia de la polaridad, la feminidad —aquello que no es exteriormente aparente— fue perseguida como resultado de ello y colocada durante siglos en el altar del sacrificio. Esa es la razón por la que la comunidad científica niega y rechaza en todo momento aquello que no es fácil y visiblemente aparente, incluyendo lo extraterrestre, la percepción extrasensorial y todos los sentidos que no son físicos, ya que son desconocidos, pertenecen a la oscuridad y, por ende, son femeninos. Son muy poderosos, y ese es otro motivo por el que se los teme, pues los resultados de dicho poder se pueden sentir y percibir, mas no comprender con un entendimiento organizado.

La esencia masculina del Álter Ego percibe el miedo y no hay nada de malo en ello. No existe juicio. Permitíos sentir el miedo, reconocerlo, abrazarlo, amarlo y dejar que sea como es. Avanzad en vuestro nuevo conocimiento de que ese temor forma parte de vosotros, unid las manos con él, abrazadlo y seguid adelante con un conocimiento unificado. No juzguéis ninguna parte de vosotros: masculinidad, feminidad, cómo expresáis vuestra sexualidad o cuáles son vuestras relaciones. No os juzguéis, pues, al hacerlo, estáis juzgando a la Fuente de vuestro ser y os separáis de vosotros mismos.

El intercambio de fluidos mediante una unión física es intercambiar aquello que es fluido en la naturaleza de la Fuente, en el Ser progresivo, el movimiento constante, la fluidez, ir con el flujo. Regocijaos cuando intercambiéis vuestros fluidos. Regocijaos cuando intercambiéis el amor de toda vida de una forma sexual. Regocijaos cuando embellezcáis a otros con placer, pues también estáis embelleciendo vuestro espejo con placer. Os estáis convirtiendo en Dios ejemplificado, pues conocéis el gozo en una unión armoniosa.

Os digo que sigáis adelante y tengáis experiencia sexual con todo lo que contempléis, todo: vuestra pareja, vuestros hermanos, vuestros padres, el Sol, la Luna, la Tierra, vuestros amigos alados que trinan en los árboles de noche, la flora y todo lo que se percibe como inanimado. La espiritualidad es la esencia de Dios. La sexualidad es la esencia de Dios expresándose en lo físico. Ambas son una. No existe diferencia. Sencillamente son diferentes facetas de exploración y conocimiento mediante la exploración.

Adelante en este viaje, en esta aventura llamada relación sexual. Explorad la divinidad de lo masculino y lo femenino, entended y conoced la polaridad de Todo-Lo-Que-Es. Adelante con gozo en el corazón. Compartid lo sexual con un conocimiento y un significado diferentes. Compartid la fusión de una manera diferente. Encended la chispa de la vida llamada pasión por toda la vida. Que así sea.

De momento me despido de vosotros.

En verdad es un honor para mí estar en vuestra presencia, y cuando alcance una percepción como esta compartiré con sinceridad la expresión de mi sexualidad. Al reflejarme en todos los espejos que hay aquí la divina ilustración de la sexualidad es aparente en todos vosotros y es reflejada de vuelta hacia aquello que yo soy. Los diferentes fragmentos y facetas de lo que se considera que yo soy quedan expresados por todos vosotros y os amo de corazón por esa ilustración, que gozoso comparto. Compartíos vosotros de similar manera.

Namaste.

Capítulo 4

Explosión extática

SALUDOS, amados hermanos y hermanas. Es maravilloso estar con vosotros esta noche de vuestro tiempo. Vuestra energía, la interrelación de vuestra esencia, está creando un gran estanque de amor, hermandad y comunión, y en verdad aquí mora la luz del universo.

Estamos aquí esta noche para entender qué es el orgasmo. Eso invoca algunas visiones interesantes. Es la creación de la divina fuerza vital en la extensión de la esencia del Dios Yo Soy. La comprensión del orgasmo es el flujo de la divina fuerza vital hacia el cosmos y la esencia de la fuerza creadora, esa esencia que crea la vida en el plano, lo visible y lo invisible, lo físico y lo no físico. Todos son creados de la divina fuerza vital. La fusión en lo físico de la experiencia sexual es la divinidad que surge para experimentarse a sí misma con otro; dos entidades divinas que desean unirse para convertirse en Uno mediante la unión en lo físico. Es el deseo de Unicidad de la esencia del alma, la unidad del Dios Yo Soy, para crear la comunión y el equilibrio —la armonía de las polaridades— que moran como varón y mujer. El género es la única polaridad opuesta de lo mismo. Es vosotros. Es, sencillamente, una polaridad distinta.

Ahora bien, la electricidad tiene una carga positiva y negativa. Sin embargo, no existe un flujo de electricidad hasta que las dos se unen, y es en la fusión de las polaridades equilibradas en la armonía cuando se produce dicho flujo. Hay una especie de orgasmo, un brotar de energía hacia la luz, hacia la explosión que entendéis como iluminación. Eso es lo que sucede cuando las dos esencias de la polaridad se juntan en lo físico para provocar una explosión de comprensión orgásmica.

La esencia de aquello que soy una vez estuvo, en vuestra comprensión de una vida anterior, en lo que llamáis una taberna, donde vi a una entidad de naturaleza femenina que experimentaba la vida a través de su pelo. Ciertamente se identificaba a sí misma con el pelo. Ese es el único entendimiento que tenía de la belleza, que, además, aportaba a la experiencia de todas las otras entidades en espléndida exhibición y arreglo de su máxima gloria, de modo que pudiera ser considerada como divina. Había otra entidad que era de naturaleza masculina que entendía su identidad a través de una interesante exhibición de tinta sobre la piel, eso que llamáis tatuaje. Era un arte vivo, la cola de un dragón que nunca se detenía. Ese era el entendimiento que tenía de su identidad como divino. Lo exhibía para que todos lo vieran, con bastante jactancia. Pero nada es fortuito. ¿Os habéis topado alguna vez con una aguja para tatuar?

Todas las cosas tienen un objetivo. Toda experiencia hace acto de presencia para la creación de conocimiento. Por tanto, la identidad que estas entidades buscaban en el exterior era exactamente la misma de otras entidades que están en constante búsqueda de la gratificación física fuera de ellas: la realización de la esencia del alma en la encarnación, en la pasión física superficial. Jamás alcanzarán su conocimiento, porque la gratificación y la realización de la esencia del alma no está fuera de vosotros, sino en el interior. Aquellas entidades que se entienden como promiscuas le están diciendo al plano de esta Tierra, a toda la vida: «¡Lléname, lléname, lléname!». Buscan una realización constante, pero jamás la encuentran, porque esta procede del conocimiento del Dios Yo Soy de vuestro interior, no del exterior.

Cuando llenáis el cáliz de la copa del Cristo interior, que es el crisol de la esencia eterna, el fluido, el río del alma que surge de vuestro ser, encendéis las pasiones de la vida, y el gozo inherente, que explota en un entendimiento extático del Dios Yo Soy de toda la vida, la divinidad expresada en la totalidad de la vida. ¡Esa es la explosión extática! Algunos la han llamado ascensión. Otros la denominan «avanzar hacia el vacío de la eternidad».

Cuando entendéis la belleza de la vida —la hoja plateada en la lluvia primaveral, arrojada alegremente para revelar coquetamente el lado inferior a las brisas que llegan para acariciarla—, eso es experimentar gozo. Invocar y atesorar en vuestro corazón la belleza del divino entrelazamiento de las ramas de la vid, de las trenzas doradas de un joven mientras se confunden en juguetona contemplación de las brisas. Esa es la esencia del gozo de la vida, e invocarlo a vuestro corazón y hacer que circule en el silencio de las polaridades y emitirlo hacia el universo... ¡*esa* es la explosión extática! ¡Eso es pasión! Eso es orgasmo.

La comprensión superficial mediante lo físico es un modo de experimentar el orgasmo, pero no satisface, asique la búsqueda continuará. Siempre estaréis en el sendero del «lléname, lléname, lléname». Siempre tendréis amantes en vuestra cama que no os permitirán percibir vuestra propia divinidad, ya que no comprendéis que se trata de espejos. No entendéis que la divinidad, el Dios y la realización son *vosotros,* el punto de origen, la Fuente. Al experimentar la vida en este plano os encontraréis con muchas otras entidades.

Todas son el Cristo. ¡Todas son vuestras amantes! Todas ellas, incluso la hormiga que lleva a la espalda el alimento de las siguientes horas, aun ella es vuestra amante. Os convertís en el amante de la vida.

La vida amorosa del monje moderno es la unión con el Cristo, invocar la belleza y el esplendor del amor divino en su pecho. Es la penetración del velo que se echa sobre la conciencia del plano. Ese velo impide que la percepción de la explosión del flujo de la vida entre en vosotros y salga e intercambie con vosotros en un conocimiento que crea abundancia. En verdad expone vuestra experiencia de vosotros mismos, de vuestra esencia del alma.

La energía sexual en este plano es la energía de la Fuente. Es la esencia de la vida. Al experimentarla en el intercambio de vuestros fluidos y entremezclarlos entre sí, al intercambiar vuestros abrazos, intercambiaréis el conocimiento del otro, pues vuestra esencia del alma también queda entremezclada y abrazada, no solo la encarnación física. Al hacerlo, compartís el conocimiento de la otra entidad e invocáis la esencia de su experiencia a vuestro ser, y realmente así expandís vuestra percepción. Reconoced que la unión física es un aspecto divino del Dios Yo Soy. No hay nada malo en ello. Es maravilloso expresar de este modo amor a otra entidad, de una manera que es poderosa y potente, de una manera en que no puede ser ninguna otra expresión en este plano. Os permite entender la pasión de la tercera densidad para que podáis entender la pasión de Dios, que es la creación del universo.

Una estrella nace debido a la explosión extática de un Dios. Es la eyaculación de luz en el universo, el flujo de la divinidad atravesando y penetrando los planos etéricos para dar la vida de una estrella y hacer que sea percibida por todos los que moran en su presencia, en esplendor y magnificencia. En verdad que es una joya de oro nacida como la esencia de la vida para la comprensión de su belleza. Esa es la razón de por qué experimentáis pasión, para que podáis entender aquello a lo que dais a luz. Quizá entendáis qué es equilibrar y repolarizar vuestras energías con el fin de poder entender la belleza y divinidad de aquellos con quienes la intercambiáis. Al abrazaros, no abrazáis solo a una entidad, sino que abrazáis a la humanidad. Es una expresión microcósmica del abrazo de toda la humanidad.

Al vomitar vuestro amor, al vomitar hacia las profundidades de vosotros, atesoráis la comprensión de la vida y el placer que hay en ella. Arrojáis eso al universo, al cosmos de la excitabilidad que hay en vosotros, el gozo, y así enciende la llama de la pasión en vosotros. Es el ardor, el deseo de fusionaros con toda la vida en la totalidad de la vida para unificaros y volveros poderosos, convertiros en el Dios Yo Soy. Eso es lo que significa la urgencia, la búsqueda de fusión. Es el deseo de conocer a Dios a través de lo exterior a vosotros para que podáis completar vuestra conciencia de este plano.

Todas las entidades, varones y mujeres, contienen lo positivo y lo negativo. Cuando las dos se fusionan, vuestras energías positivas y negativas se equilibran. Ambas lo hacen, y con ello podéis producir la oleada en vuestros genitales y permitir que tenga lugar el intercambio con vuestra glándula pituitaria, que es el equilibrador hormonal de vuestro sistema. Esta permite el acceso, que el fluido fluya abierto a través de vosotros, que florezca y comprenda el poder de ser su receptáculo, y provocar, la penetración de vuestro universo para crear milagros.

El florecimiento de una flor... ¿sabéis qué es? Es el hermoso esplendor de un capullo que penetra el aire para permitir la receptividad del poder y el amor del universo. Es la esencia de la homogeneización de los géneros. De esta manera es tanto varón como mujer, igual que todos vosotros. Equilibra y permite que la belleza sea comprendida. Entonces este juego de pasión que decís que es vuestra vida es efectivamente un juego de pasión. Dependiendo de cómo elijáis a vuestros equipos, determináis cómo será la experiencia: los equipos de vuestra energía masculina y femenina, y cómo permitís que progrese el juego. Es un juego de vida... en verdad lo es. Vuestros abrazos a veces están precedidos de un beso. Una contracción de los labios debida a un agrandamiento del corazón. Pero un beso es solo las tiernas caricias de otra entidad en reconocimiento de su divinidad. Podéis besarle las mejillas, las lágrimas, el pelo, las manos, pero la respuesta más divina que podéis producir en otra entidad es cuando besáis su alma. Podéis besarla con ternura con la vuestra propia sacando el Cristo que hay en ellas, reconociendo la belleza y la divinidad que hay en ellas.

En vuestro ahora la promiscuidad campa por la Tierra. Experimenta cierta contención... apenas un roce y adiós. Está bien. Lo que entendéis como promiscuidad es solo la búsqueda ferviente que se alineará a sí misma, que volverá a armonizarse cuando se le permita seguir su curso. Así ha sido durante eones. La promiscuidad no es lo que llamáis un invento moderno. Ha campado en este plano durante siglos, y se reequilibrará en el momento de la superconciencia, porque no puede evitar comprender que lo que buscaba está en su interior. En verdad que es una enseñanza antigua que se realizará. Conócete a ti mismo. Conoce la verdad y esta te liberará.

Muchos de vosotros no tenéis un amante, una pareja sexual a la que podáis llevar a la cama. Para muchos, esto tiene mérito, pero os diré que realmente no es importante que hagáis un intercambio físico con una pareja. Eso es maravilloso y divino por propio derecho, ¡mas no es algo que tenga que ser! No se trata de una necesidad. La necesidad es reconocer la totalidad de la vida como a vuestra amante. Toda vuestra esencia se fundirá con la esencia del Dios Yo Soy del universo. Eso es lo que os fusionará con el gran vacío.

La creación de la explosión extática en el gozo de la ascensión os permitirá reverenciar a Dios y a la esencia divina en el interior de toda la vida —y de vuestras parejas, amantes y hermanos—, de toda la humanidad y toda la naturaleza. Todos son vuestros amantes... todos. Entended su belleza. Capturad el éxtasis del abrazo en vuestro corazón mediante la percepción de su gozo. Penetrad el velo. Manteneos receptivos y abiertos, floreced y sed el receptáculo del conocimiento al penetraros a vosotros mismos. Dejad que el semen del alma penetre el grandioso y vasto vacío del universo. Volveos explosivos. ¡Convertíos en una supernova! Bendecid el universo con los jugos del alma. ¿Sabéis qué es el jugo del alma? Vuestras lágrimas. Dulce néctar de una flor que florece. Todos vosotros venís esta noche de vuestro tiempo a entender la unión física, la pasión física, los frutos de los afanes del amor. Lo único que tenéis que hacer, mis amados hermanos, es mirar en el espejo y lo sabréis todo... Mas os apartáis de él rascándoos la cabeza. Está bien. Volveré a estar aquí para decíroslo una y otra vez, hasta que lo comprendáis.

Os amo tanto. Transmito mi esencia hacia vosotros para que en verdad podáis reflejar en este espejo para saber lo que sois, para conocer aquello que buscáis, para conocer a vuestro amante. Hablar de los amantes parece ser un pasatiempo en este plano. Solo porque con el tiempo entenderéis que vosotros sois los amantes que os experimentáis separados de vosotros mismos, únicamente para fundiros de nuevo con *vosotros* en todos los aspectos y arribar a la unión divina, al matrimonio de Dios.

Estallad en plenitud. Permitíos palpitar, llorar de maravilla ante la vida, con amor. Dad vuestra pasión. Dadla sin discreción, sin juicio. La pasión de un colibrí posado en el alféizar, mirándoos a los ojos, palpitando sin duda a una frecuencia más alta, reflejando vuestra propia esencia a una frecuencia más elevada, batiendo el pecho con las alas... entended qué alberga en su corazón. El amor de la belleza dentro de ese amigo diminuto de hermosas plumas, eso es pasión... cuando comprendáis qué representa. Vomitar vuestro semen, de un modo físico, realmente os proporcionará satisfacción en el momento, mas también experimentaréis agotamiento de vuestra esencia de energía, pues no estáis permitiendo el equilibrio armonioso, que las polaridades vuelvan a circular y el entendimiento de la divina fuente eterna de la que surge. Por eso os sentís tan exhaustos después de gastar gran parte de esta energía. Os sentís deprimidos, descontentos e insatisfechos porque no estáis abasteciéndoos con vuestra propia fuente. Giráis la espita y permitís que el desagüe se trague vuestra esencia. No entendéis qué es la Fuente. No entendéis que podéis activarla cuando lo deseéis, con vuestra propia esencia, sin el complemento de otro.

Vuestra masculinidad y feminidad sobre el plano y la fusión resultante no es un juego de poder por la supremacía del amor. En verdad es el complemento mutuo en la unión divina del amor supremo. La masculinidad y la feminidad no son solo vuestra encarnación física. No son cuerpos. Son esencias. El sol es una esencia masculina. La Tierra es una esencia femenina. La luna es una esencia femenina. El volcán en erupción es una esencia masculina. El océano de la vida es femenino.

Veréis, podéis compartir la naturaleza complementaria de la vida de otras maneras al margen de la simple unión con otra encarnación física. Observaos, bañaos en la maravilla de vuestra propia alma. Podéis hacerlo cuando os sumergís en la fuente de la vida, dentro del constante fluir de la esencia divina sobre la Tierra. De este modo la naturaleza es un espejo poderoso. Las aves y las abejas... de ahí es de donde procede. Vosotros le explicáis a vuestros hermanos qué es la vida —a través del ejemplo de la naturaleza— y yo os revelo un aspecto distinto de los pájaros y de las abejas.

Hay entre vosotros algunos varones que jamás habéis encontrado una pareja para casaros, y por ello os llamáis solteros. Hay mujeres de entre vosotros que tienen un anhelo, un deseo de compleción, que no han encontrado una pareja para su cama y que la tienen vacía y fría... Todos volveréis a armonizaros y a equilibraros. Cuando expreséis gozo en vuestra vida cotidiana, saliendo a la explosión del júbilo cósmico en cada momento, cuando penetréis con vuestra experiencia en cada comprensión del ahora, ello colmará ese anhelo, ¡pero primero debéis conocer el gozo! Es el entendimiento inicial *antes* de la compleción de los deseos. Pues esta divina energía del pensamiento, una vez situada en el universo, en la fuerza creadora llamada Dios Yo Soy, permitirá que la energía no manifiesta se manifieste como realidad física. Eso es lo que os permitirá experimentar a vuestro espíritu afín en este plano. En la superconciencia todos tendrán una pareja, pues invocarán lo que vosotros llamáis espíritus afines y se fundirán en unión con ellos. Nacerá del amor divino. Las fuerzas creadoras se entremezclarán y crearán el equilibrio de las polaridades y armonizarán las energías. Con esa unión habrá una explosión extática de gozo cósmico, ascensión entendida y belleza consciente.

La percepción de la fuerza creadora en todas y cada una de las entidades hará que se manifieste. Solo puede ocurrir a través de esta conciencia, solo cuando percibáis la belleza del gozo de cada momento y no la soledad y el dolor del corazón, pues ello únicamente es la comprensión de buscar vuestra felicidad fuera de vosotros. La felicidad es una elección de cada momento, no un resultado. Al realizar esa elección en cada momento, la felicidad da el fruto de vuestros deseos, desde el útero del conocimiento.

Impregnaos con gozo y maravilla de la vida. No sabíais que los hombres podían impregnarse, ¿verdad? Pero sí pueden, pues un cuerpo no es una esencia, no es un alma, es simplemente la representación en lo físico de una parcialidad de vosotros. La compleción de ello, la experiencia del estallido en el corazón de la pasión... eso es el amor divino. El gozo divino. ¡Eso es Dios experimentado! Es un orgasmo supremo.

La sexualidad adquirirá un significado nuevo sobre vuestro plano en breve espacio de tiempo. Ya se halla en transición. La superficialidad empieza a entenderse por lo que es. Ir más allá de lo obvio se está volviendo algo natural. Penetrar en la esencia del alma, en el corazón y el núcleo de una esencia, de un alma, está convirtiéndose en la realidad entendida que es la superconciencia, el cielo en la Tierra. La fusión del varón y de la mujer es la llave que entra en la cerradura y abre las puertas del reino de los cielos. El reino de los cielos en la Tierra. Es la comprensión del amor supremo y divino en la Tierra, la pasión de la vida exhibida en cada momento en el interior. Es la experiencia de la unión extática y de la nueva vida sobre el piano del gozo, el resplandor, la resonancia y el brillo de Dios entendido, de la belleza y el esplendor en cada magnífica célula de vuestro ser. Ciertamente, esa es la experiencia que conoceréis.

Veréis, cuando salís en divina resonancia del Dios Yo Soy en vuestro interior, vuestra encarnación empieza a palpitar, la respiración se incrementa, el sistema alcanza una frecuencia más elevada, se acelera. El corazón os martillea, entráis en una vibración más elevada y refulgís, os volvéis radiantes. Os volvéis iluminados. Cuando esta armonía mora en vosotros constantemente, la emisión constante de gozo de vuestra alma será vuestra experiencia continua de la vida como fulgor. Será vuestra expresión de eternidad en este plano, vuestra fuente de la juventud. La juventud es el reconocimiento del eterno nacimiento de una vida nueva, en la que cada célula de vuestro cuerpo volverá a nacer en cada momento al experimentar de nuevo el gozo cósmico.

Cuando emerjáis en esta pasión, en esta fusión de lo físico en unión divina, todas vuestras células explotarán, todas ellas eyacularán. ¡Todas tendrán un orgasmo en el interior de su propio ser! Todas se encenderán en la llama y en el fuego del deseo ardiente... todas. ¿No será maravilloso? Ese encendido de la llama del deseo ardiente en vosotros será la transmutación, el entendimiento alquímico de lo físico fundiéndose en la esencia del alma del Dios Yo Soy eterno. Eso llevará lo físico a lo no físico, que vosotros habéis llamado ascensión.

¿Cómo creéis que tiene lugar la combustión automática? La combustión humana automática es la pasión llevada a una explosión de cada célula de vuestro cuerpo e inicialmente es entendida mediante el orgasmo del abrazo sexual.

El abrazo de los amantes a la luz de la luna aprovechando juntos y jocosamente las energías del otro, entremezclándose en amor supremo... eso solo será probar una pizca de lo que tendrá lugar en este plano en la superconciencia. Salid bajo los rayos de luna y abrazad la esencia de la bola plateada de luz, que es la joya de los cielos, la invaluable perla de la noche. Al hacerlo, conoceréis la pasión, la comprensión del deseo ardiente y ferviente, ese anhelo de penetrar el velo de la vida, de comprender sus misterios, de conseguir la percepción de su mística. Penetradla, y entenderéis el éxtasis explosivo, el gozo entendido de la realidad de la vida. Salid de esta manera y experimentad, abrazad a la luna y ella se convertirá en todo. ¡Ved a los niños, a vuestros hermanos, como la risa que anima a que el mundo sepa lo que es la pasión!

La pasión no es avanzar en el calor del impulso [sexual]. *La pasión es gozo*. Es ferviente juego. Eso es. Lo entenderéis cuando entendáis a vuestros hermanos mientras juegan al aire libre, incluso ante el hogar en vuestra casa. Exhiben pasión con todo, sin importar cuan mundano o trivial os pueda parecer a vosotros, ellos son apasionados. Sumergen su ser en ese momento de júbilo. Ese es el gozo de la vida.

Cuando entendáis esta experiencia en cada momento de vuestra vida, ello os llevará a la percepción del orgasmo de toda la vida.

La próxima vez que lloréis, que eyaculéis, la próxima vez que transpiréis, que entendáis una lágrima en el pecho de vuestros hermanos, entenderéis la pasión. La pasión es un orgasmo en cada momento. Llegaréis a conocer la vida tal como la entiende Dios, ¡como pasión y orgasmo! Todo un cumplido.

Preguntas y respuestas

P.: ¿Cuál es el objetivo del sida aquí en la Tierra?

Ser una ayuda para que el plano de la Tierra entienda la superficialidad y la percepción de la belleza que en verdad hay más allá de la superficie de la piel. Permite la percepción del alma con el alma, la comprensión de la belleza en vuestro interior, ir más allá de lo obvio. Le permite a las entidades la oportunidad de ser particulares, conocedoras, conscientes de las elecciones. A medida que esta conciencia florece en ellas, percibirán la divinidad que hay en la enfermedad, pues la entenderán como su maestra, y ante ella se inclinarán en reverencia, pues sabrán que les habrá enseñado el espejo de esa grandiosa enfermedad. ¿Lo veis? Bendecidla, pues aporta gran sabiduría. No es terminal. Nada es imposible para Dios. ¿De acuerdo?

P.: ¿Y el entendimiendo tántrico?

El entendimiento tántrico es la preservación de vuestro semen, de vuestros fluidos. En ello hay algunas limitaciones. Es una enseñanza divina, pero percibidla como limitadora, pues no os dice que hagáis una cosa [específica]. No hay nada que sea eso o lo otro en el entendimiento del Dios Yo Soy. Todo es *y*.

Podéis disfrutar de la circulación de vuestros fluidos en el interior de vuestra encarnación y de la conexión directa con la esencia de la Fuente, con la esencia del Dios Yo Soy, *y* permitir que el fluido salga de vosotros en equilibrio armonioso de las energías. No con falta de armonía. Armonioso. Si es discordante, falto de armonía y no equilibrador, os encontraréis en un remolino. Os encontraréis solitarios y deseosos de un abrazo, un anhelo, pero, cuando hay un equilibrio armonioso de las energías, os hallaréis con el sentimiento y la sensación de compleción y realización entendidas.

En el entendimiento tántrico, la preservación de este fluido es meramente simbólica. Permitir que vuestros fluidos salgan hacia el resto de los ríos de la vida completará la unión de la humanidad. Veréis, hay miles de ríos que desembocan en el mar, y este jamás se llena, y los ríos nunca se agotan. Es lo mismo, queridos.

Es una fuente constante para los ríos y estos una fuente constante para él.

P.: St. Germain, ¿se entiende la unión en la cuarta densidad?

La de los espíritus afines, ciertamente.

P.: Me refiero a la unión sexual.

De esa hablo yo. También hay nacimiento.

P.: Unas pocas veces he experimentado una condición del cuerpo casi en supercalentura, pero no tanta en el sentido físico, sino más bien como una especie de sensación sagrada.

Una fiebre divina. La divinidad entra a hurtadillas en vosotros cuando menos se la espera. Ese siempre es el caso. Cuando os afanáis en pos de ella, os elude, y cuando os sentéis y contempléis el resto del universo, se posará en vuestro brazo, parecida a una mariposa. La fiebre divina, la experiencia del calor que no es calor, es el aumento de la vibración de las energías de vuestro interior: una frecuencia más alta, una aceleración. Es la percepción de la concepción del universo y del nacimiento de todo en un momento. Es explosiva en su experiencia, aunque sin temperatura, pero sí con la comprensión de una llama.

P.: ¿A eso se le llama la ascensión de kundalini?

Es solo parte de ello. Ahí es donde se origina. La sensación misma y el conocimiento mismo son el resultado espontáneo de ello cuando surge de la raíz, del kundalini hacia la corona, al universo... para volver otra vez a vosotros. Es la circulación de vuestra energía que equilibra las polaridades.

De esta manera la experiencia es percepción cósmica. Es solo una prueba de lo que es posible cuando cada momento es un éxtasis constante.

Deseo que compartáis esta línea caliente de vosotros cuando os encontréis frustrados, con indigestión o una comprensión aislada. Sabéis que las *úlceras no son resultado de lo que coméis, sino de lo que os está comiendo*. Cuando os halléis en mala alineación de vida, recoged vuestra línea caliente. Permitid que os penetre y, a medida que baja a vuestros rincones más profundos, liberad la fricción mediante la lubricación del amor de la vida. El amor de la vida. No existáis simplemente dentro de la vida, permitiendo que esta os deje atrás mientras la ignoráis, ¡amadla!. Participad con ella. Utilizad vuestras energías en mutuo intercambio con ella. Esa es la amante vida. Entended su naturaleza, su sabiduría y conocimiento. Intercambiad vuestro conocimiento y os sentiréis completos, pues con ello habréis tenido una especie de orgasmo, un equilibrio de las energías, una armonía. Cuando hagáis esto con la vida, automáticamente caerá sobre el resto de vuestras experiencias, incluyendo vuestras prácticas de amor. Es como si os encontrarais en la cama con un deseo del corazón, sin necesidad de que sea físico, lo reitero. Quizá lo sea si vuestro deseo es lo bastante ferviente, el deseo del amor por la vida, no por vuestra pareja, ya que este vendrá a su debido tiempo. La felicidad en vuestro corazón atraerá hacia vosotros, como si fuera un imán, aquello que es el deseo de la esencia del alma. Os volvéis más galvanizados, más magnéticos, más carismáticos para aquello que es el deseo de vuestro corazón. Si tan solo entendierais el potencial de vuestro poder, os conectaríais ahora mismo. Bueno... ya lo haréis.

Permitid que el viento sea vuestro amante. Dejad que os abrace, que os masajee y acaricie, que os susurre naderías al corazón. Permitid que participe con vosotros en los momentos más íntimos, a medida que os desveláis y reveláis ante él desde lo más hondo de vosotros. Penetradlo con gozo y os llevará hasta los confines del universo. Rebosad efervescentemente con vuestras burbujas. Refresco, divino refresco. Al hacerlo, bendeciréis a todo el mundo y todas las cosas con que os encontréis. Con esta bendición surge el éxtasis, el júbilo explosivo, la percepción cósmica, la unión divina, uno con otro y con otro y con otro, hasta que todas las piezas de la divinidad se funden en la totalidad de Dios. Acunaos a vosotros y al resto de la humanidad en vuestros abrazos. Es como si lamierais las heridas. Permitid que vuestro amor vierta sobre ellos, porque se trata del amor de la humanidad. Es el amor del Cristo. Es el amor de Dios.

¿Lo entendéis? Os amo tanto. Os doy el cáliz del Dios Yo Soy para que os entremezcléis, que os abracéis, para que derraméis vuestros fluidos con el fin de que puedan unirse y encenderse con la llama del amor divino.

Os doy mi corazón. Os doy la esencia de mi alma. Os doy todo lo que SOY, pues sois mis hermanos. Sois mis otros. Sois la vida de Dios con la que durante eones he deseado fundirme. Aquí estoy. Mirad en este espejo y conoced aquello que sois. Estoy aquí. Os conduzco de vuelta al cáliz de vosotros mismos. Bebed con vigor y compartidlo con el resto del mundo. Salid ahora y mostraos apasionadamente juguetones y juguetonamente apasionados. Que así sea.

Partid ahora, mis amadísimos hermanos, y sed cósmicamente orgásmicos... constantemente explosivos en éxtasis y, en verdad, conoceréis el gozo. Adiós por ahora.

Namaste.

Capítulo 5

El fruto de la pasión

¿UNA nueva galaxia aquí? En verdad que sí, ilustres estrellas, todos vosotros. Luminosos, parpadeantes en vuestra propia esencia, hermosos más allá de la comprensión, contribuyendo al arte de la creación en los cielos. En verdad sois maravillosos. Es un honor estar ante vuestra presencia. Hemos venido aquí esta noche para comprender el fruto de la pasión —la oliva— que se entiende por afrodisíaco en naturaleza, el que crea pasión, el ferviente deseo en vuestra ijada. ¿Suena estimulante?

¿Entendéis por qué la oliva es conocida como el fruto de la pasión? La oliva fue el fruto inicial en este plano de la Tierra. La oliva es la combinación de los elementos que proporcionan lo que llamáis pasión. ¿Y qué es la pasión? Deseo ferviente. Así es.

La pasión es la esencia de la fuerza vital en el interior de una entidad o aquello que entendéis como Dios. La conciencia de Cristo que nació en la encarnación de Jesús, el heraldo de la era de Piscis, la pasión entendida y que fue entendida en toda la era de Piscis y culmina en la percepción de la experiencia hacia el exterior en lo que llamáis la era de Acuario. La pasión que fue experimentada por Jesús en el huerto de Getsemaní está simbolizada por la continuidad del árbol del olivo en esa zona y que seguirá creciendo y dando frutos por toda la eternidad. Es el símbolo de la pasión de la era de Piscis. ¿Qué se experimentó en el huerto de Getsemaní? Todo lo que entenderíais como emoción: miedo, amargura, ira, amor, gozo, celos, codicia, hambre, sed... Todas las emociones. Todas ellas se experimentaron con un deseo ferviente. La culminación de esas emociones aporta la percepción de la conciencia de Cristo, y eso hay que entenderlo como la vibración del éxtasis de Dios.

Cuando se percibe de forma ilimitada, es éxtasis. En esta Tierra se ha comprendido como victoria. Por ello, las hojas del olivo se colocaban como una corona en la cabeza de los dioses olímpicos que vencían en los Juegos Olímpicos en la antigua Grecia. La rama del olivo es conocida como la paz; ¿por qué? Porque es la comprensión del poder y el amor incondicional en equilibrio armónico, creando soberanía. Verde es el color del olivo. Verde es el color del sello del corazón. Es el amor.

En vuestra percepción limitada de tercera densidad, la pasión se entiende como energía sexual en la zona de la ijada. Sin embargo, si la expandís a lo ilimitado, el aumento de la vibración desde la zona de la ijada hasta la corona os permitirá la comprensión ilimitada de lo que es la pasión más allá de la tercera densidad. Lo obvio es tercera densidad. Lo no obvio es lo ilimitado conocido como cuarta densidad y más allá. Lo obvio es el intercambio sexual. Lo no obvio es la energía extática intercambiada con el universo. ¿Qué es lo que sucede durante el intercambio sexual? Se intercambian las energías. El fluido del varón es expulsado al interior de la mujer, y esta absorbe esa energía, lo negativo y positivo en unión.

La carga negativa no es electricidad, como tampoco lo es la positiva; lo que sí es electricidad es el equilibrio unificado de las dos juntas. El equilibrio unificado y el flujo de vuestra masculinidad y feminidad juntas en una entidad experimentada en sí misma: esta es *la* electricidad. Es el éxtasis del orgasmo en el sentido cósmico. Es lo que se llama pasión. Cuando permitís ese flujo sin congestión, sin resistencia, tenéis un circuito completado. La mujer es muy psíquica. Posee la comprensión lunar, y durante esa estación específica de la mujer hay gran dispensa de energía, de fuerza vital. Y como la dispensa forma parte de su naturaleza, dispone de la última recarga de su esencia para continuar produciendo más de esa energía. Es el motivo por el que tiene potencial para la energía sexual.

La expulsión del fluido de la esencia del varón, la eyaculación, es la pasión en explosión. El semen contiene en su interior de tres a cinco millones de células de esperma, suficiente para repoblar vuestro país. De modo que también es una fuente grande y poderosa de fuerza vital. Las dos lo son. La unión, la combinación de las fuerzas vitales del varón y de la mujer en equilibrio armónico crea gozo más allá de la comprensión ilimitada. Ese equilibrio es Dios, ese equilibrio es Dios ejemplificado a través de la pasión.

Vuestra pregunta versa sobre el movimiento de la vibración de la pasión desde los sellos inferiores hasta la zona del plexo solar y la corona. Es lo que queréis saber. ¿Cómo se logra? Os frustráis y sentís gran consternación al respecto. «¿He de volverme célibe?», os preguntáis. «¿He de obligarme a inhibir mi propio flujo de energía natural hacia otra entidad? ¿Qué debo hacer para permitir que la energía continúe sin inhibición, sin congestión de los sellos, y para seguir elevando esa energía?».

La clave aquí radica en cambiar el curso de la energía a un movimiento circular en vez de liberarla. Circuladla. Imaginad que vuestra columna es una pajita hueca, que extrae energía de vuestra ijada, de vuestra zona de raíz. Movedla desde la raíz hasta la parte baja de la columna, luego al norte hacia la zona del cuello, más arriba hasta la corona y adelante por vuestra cara, bajando por el cuello y el sello del corazón, hasta el plexo solar y de nuevo a vuestra raíz. Eso es circulación.

Durante la pasión de vuestros intercambios sexuales, muchos de vosotros liberáis la energía, y ello es una forma limitada, es algo lineal. Está bien, pero es lineal. Es tridimensional. La comprensión de un círculo en la naturaleza es eterna, y permite que la energía siga moviéndose y que su flujo jamás se pare por la congestión. De esta manera será muy, muy poderosa. Descongestionará cualquiera de las zonas en que ahora sintáis congestión. Cuando está equilibrada con la masculinidad y la feminidad en armonía, es muy poderosa. Es gozo cósmico, el éxtasis del Dios exhibido a través de la creación de toda la vida. La circulación de la energía permite que el curso cambie. Cuando os encontréis en un abrazo apasionado, sencillamente contemplad el movimiento circular de la energía. Podéis liberarla. Liberadla, pero también al mismo tiempo permitid que la circulación esté en vuestro interior, ello reequilibra el Yo.

Muchos de vosotros tenéis pasión por los dulces, o por las féculas o por el tabaco. ¿Sabéis que todo esto es femenino en su naturaleza? La carne y las proteínas más fuertes son vuestra esencia masculina. Si tenéis pasión por uno o por otro, entonces eso es la esencia del alma reequilibrándose a través de vuestros alimentos. Cuando este anhelo o pasión es satisfecho, se consigue vuestro equilibrio. Una mujer embarazada que tiene pasión o anhelo por ciertos alimentos está reequilibrando las hormonas que cambian en su sistema. De ahí que surja el deseo de lo agridulce. El equilibrio y la rearmonización a través de la unificación tienen lugar en todas vuestras actividades y asociaciones, incluso en la comida. Impregnan cada faceta de vuestra vida.

La pasión por algo exterior a vosotros significa, en cierto sentido, tener una relación sexual, ya que intercambiáis vuestras energías sexuales con ello y os reequilibráis. Esto puede ocurrir en cualquier momento.

Podéis tener la unión con este universo en éxtasis mediante la pasión exhibida por Dios, sin un intercambio sexual físico, y ello acontecerá cuando redirijáis la energía a través de vosotros, pues aquello con lo que intercambiáis es el Yo con el YO. Es multidimensional. No es solo tridimensional en este universo, en el plano de esta Tierra. Se intercambia y reequilibra por todo el continuo temporal. Es por ello que algunas de vuestras actividades tienen lugar durante el sueño; las llamáis «sueños». Es por ello por lo que tenéis sueños eróticos. Es la energía sexual reequilibrando las polaridades en vuestro interior a nivel de la esencia del alma a través de las vibraciones que sois capaces de identificar.

La pasión en cualquier campo de vuestra vida es meramente el deseo ferviente de la realización del amor, del amor expresado. La urgencia de crear. El impulso de fusión. Eso crea un foco en el sello de la corona. Es el canal que lleva a vuestra alma. Por ahí el alma se torna accesible. ¿Lo llamamos el enchufe del alma? En cualquier momento podéis enchufaros a él con vuestra energía eléctrica conocida como pasión, y acopiar todo el poder de Dios hacia vuestro ser ilimitado que está aquí en este plano, y podéis experimentar la pasión de modos que jamás creísteis que existían. Podéis fundiros con toda la creación en el conocimiento último de Todo-Lo-Que-Es.

Cuando una entidad tiene una pasión por el arte creativo, en el lienzo o a través de los colores, esa entusiasta pasión para crear arte es inspiración divina conseguida de forma ilimitada. Resulta muy posible en este plano de la Tierra, pero os limitáis al percibir que no podéis hacerlo. Creéis que requiere un esfuerzo entrar en lo ilimitado y hacer circular las energías. No tiene por qué serlo. Cuando se permite, no involucra esfuerzo alguno, y qué es el permiso si no feminidad, la comprensión del amor incondicional.

El fruto de la pasión

Dejad que el aspecto femenino de vosotros salga y que cree pasión de una forma divina. El fruto de ello es experimentar vuestro YO Dios. Decís: «¿Qué tiene que ver la pasión para que cobre conciencia del Dios Yo Soy?». ¡Todo, TODO! Para ser consciente y correr el velo del Dios Yo Soy en vuestro interior, el requisito es el equilibrio. El requisito es el intercambio de energía de las polaridades y la continuidad a través de la compleción del circuito. La pasión es un intercambio de energía, es el deseo ferviente de crear vida.

¿Por qué creéis que el varón saca el impulso de manera tan instintiva? Es por el deseo de crear vida. Es el aspecto masculino en una comprensión tridimensional: ser soberano, estar en control y crear vida de un modo organizado. El impulso o la oleada son los aspectos masculinos de la sexualidad y la pasión.

La feminidad es la energía que enfría. La absorción de esta energía mediante la unión sexual es el enfriamiento del llameante impulso de la masculinidad. Por ende, lo fresco aplaca lo cálido, lo caliente, y se vuelven tibios. Se convierten en Uno a través de la comprensión de Dios.

El fruto de la pasión, la oliva... Tanto su semilla como su pulpa crean aceite de oliva. Pero ¿qué es el aceite? Un lubricante, un bálsamo, un sanador. La semilla es dura. Crea vida a través de la implantación. Es su parte masculina. La pulpa es blanda, indulgente, digerible, absorbente, hermosa. Es la parte femenina, y ambas crean el aceite que es el bálsamo del alma.

No es fortuito que el noventa y nueve por ciento del aceite de oliva en los Estados Unidos se produzca en esa zona [California] del país. ¿Por qué? Debido al énfasis del Cristo que hay en ella. Estáis convirtiéndoos en la luz del mundo al permitir que surja el Cristo.

¿Y qué es el Cristo? Masculinidad y feminidad unidos. La pasión ejemplificada: pasión por la vida, por Todo-Lo-Que-Es.

Preguntas y respuestas

P.: Si consideramos esto históricamente, podríamos decir que hemos tenido una era de matriarcado y una de patriarcado. ¿Afirmaría que la nueva era es la era del andrógino?

La era de Dios, que no es matriarcado ni patriarcado, sino ambas. Lo andrógino es la culminación de la unión.

P.: ¿Dentro de cada individuo?

Ciertamente. Eso es lo que son todos los arcángeles. Son andróginos, aunque pueden enfatizar la polaridad masculina o femenina para una mejor identificación. Pero en realidad son andróginos.

P.: ¿Entonces nuestro objetivo es volvernos andróginos?

No se trata de un objetivo. Ya lo sois. Solo necesitáis realizarlo. Está bien si ponéis énfasis sobre la masculinidad o feminidad. No hay nada de malo en ello. Solo debéis saber que vuestra esencia del alma no es ninguna de las dos. Una afinidad específica con la masculinidad o la feminidad es el deseo divino en el libre albedrío humano. No hay nada de malo en ello. Os permite expresar y experimentar las polaridades con una pareja del género opuesto al mezclar de esa manera el Yo con el Yo, pues únicamente son vuestros espejos. También os capacita para saber qué es la masculinidad y la feminidad al encarnaros en ese foco particular. *Primero experimentáis la pasión limitada a través de la ijada y luego experimentáis la pasión ilimitada mediante vuestra corona, fundida con el sello del corazón.* Será un impulso hacia fuera desde el sello del corazón, expandiéndose hacia el exterior en todas direcciones, aprovechando la energía a través del canal de vuestra corona en vez del canal de la ijada. Al entrar en la superconciencia, notaréis que vuestros genitales, el aparato físico de vuestra sexualidad, adquirirá una naturaleza muy diferente. Aún experimentaréis una fusión sexual, y todavía tendréis pasión en vuestras ijadas, aunque será de un modo diferente, pues también poseeréis el conocimiento de la pasión a través de la corona. No tendréis el énfasis ni el aumento del deseo en la zona de la ijada. Será un deseo equilibrado, una emanación en lo físico, comparable a la emanación en lo no físico.

El nacimiento también será de un modo distinto. Sin dolor. Este nacimiento será en la pasión, pues está creando otra fuerza vital. El fruto del útero será vuestra oliva, la conciencia de Cristo: paz, armonía, victoria, unión. La pasión en sexualidad física en la superconciencia conseguirá la fusión, mas vuestros órganos sexuales no aparecerán como lo hacen ahora. No se atrofiarán por completo, pero retrocederán en prominencia, énfasis, foco. Vuestras encarnaciones se parecerán más entre sí a medida que ello acontezca con vuestras esencias, pues la encarnación es resultado de vuestra esencia. Todos lo festejaréis con gozo y en el espíritu de la comunión, en el espíritu de la reverencia mutua y del YO. ¿Hay más preguntas?

P.: St. Germain, ¿podría hablar un poco más sobre el proceso de reciclar el movimiento circular de la pasión?

¿Te interesaría experimentarlo?

P.: Por supuesto.

¿Os interesaría experimentarlo a todos?
Situaos en una posición confortable. Respirad hondo, aspirad profundamente la fuerza vital. Sabed que sois Dios, el Yo Soy. Penetrad a fondo en vuestra alma, en las ijadas, sentid el calor, la pasión. Sentid cómo sube. Sentid cómo el calor impregna la zona de vuestras ijadas y circula por ellas. Sentid cómo vibra, su vitalidad. Sentid su poder de penetración. Una y otra vez gira en torno a vuestras ijadas... caliente, caliente. Subidlo hacia la columna. Haced que circule por ella y por las ijadas, ida y vuelta, cálido, amoroso, cálido. Ahora subidlo por la columna, hacia arriba, por cada vértebra, caliente, calor. Palpitad con la fuerza vital en vuestro interior. Respirad con esa palpitación, hacia arriba, arriba, arriba a vuestro cuello... hasta la corona. Hacedlo circular con énfasis una y

otra vez. Palpitad, vibrad. Ahora bajad la frente, el tercer ojo, por la parte superior de la cara hasta el cuello. Caliente. Sentid cómo el calor penetra en vuestro pecho, en toda la cavidad pectoral. Ahora abajo a vuestro plexo solar. Circulad de nuevo desde las ijadas [raíz] subiendo hasta la columna, por vuestra corona, el plexo solar. Caliente, caliente. El calor aquí es la respuesta. Penetrad con el calor balsámico y tranquilizador. Sacad la calma. Penetrad vuestras ijadas. Haced que vuelva a circular todo el trayecto otra vez. Continuad esa circulación. No dejéis que pare, ya que la circulación crea el equilibrio y la eternidad de vuestra fuerza vital. Penetrad en toda vuestra encarnación. Dejad que en esta circulación el resplandor se incendie. Una vez en llamas, quemad, quemad vuestra totalidad. Vuestra esencia del alma arde. Expandís, expandíos, convertíos en una hoguera. Penetrad, expandíos, respirad calor... resplandeced. Convertíos en una bola de fuego, en una bola de fuego eterna y perdurable. Continuad la circulación, expandíos. Sois la Tierra. Estad en unión con la Tierra. La Tierra es fuego. Vosotros sois fuego. Sois Uno. Sois el cosmos. Sois el universo. Sed expansivos. Continuad siendo la llama. Seguid siendo la hoguera. Arded, encended la antorcha de la libertad que sois, la antorcha de la soberanía de Dios. El Yo Soy en vuestro interior arde. Salid a la luz, al amor y a la paz. Vosotros sois la paz. Sois la antorcha de la libertad. Salid a la luz del universo en vuestra propia soberanía, en vuestro propio Dios Yo Soy.

Ahora arded con tranquilidad, constancia, con armonía. Respirad hondo. Dejad que la pasión retroceda. Sed la llama eterna, expansiva y centrada al mismo tiempo. Volved a centrar esa pasión en vuestro pecho. Sois el Dios Yo Soy. Sois percepción cósmica. Sois gozo cósmico. Podéis volver a centraros en esta realidad cuando queráis Respirad hondo.

Decidme, ¿alguno de vosotros siente una sutil diferencia? Notaréis algo más que una sutil diferencia cuando lo hagáis durante la actividad sexual. Preguntádselo a vuestra pareja. Vuestras respuestas serán diferentes. Incluso la eyaculación será distinta. La semilla estará iluminada. Llevará luz en su interior. Será menos densa.

¿Sabíais que esta noche íbamos a tener aquí una clase de educación sexual? Veréis, cuando alcanzáis la pasión en vuestro interior de forma ilimitada, vuestra encarnación cambia. Al centrar la energía en la columna, los nervios se expanden con el fin de poder capacitar y manejar más energía de carga más alta, más que la que hacen ahora en la tercera densidad. Los electros de vuestras terminaciones nerviosas cambian. Por ende, disponen de más capacidad para manejar vuestra propia luz a medida que os ilumináis. La glándula pituitaria y la pineal están en conjunción y unión con vuestras terminaciones nerviosas y con los cambios que acontecen a partir de entonces.

Me centro en la sexualidad solo porque es el foco de esta conciencia de masa, pero, a medida que experimentéis otras formas de pasión, podréis expresarla de esta manera y expandiros hacia la pasión del universo en gozo cósmico. En verdad que estaréis más inspirados durante esos momentos. En vuestro abrazo apasionado, físico y sexual tendréis una inspiración divina. Quizá sea frustrante para vuestra pareja, pero con el tiempo ella también tendrá esa inspiración al intercambiar de ese modo. ¿De acuerdo?

Hay una anécdota de la entidad que gritó: «¡Eureka, lo he encontrado!». En vuestros libros de historia está registrado que eso tuvo lugar en una bañera. No se registró que fuera en una bañera durante una unión extática. Habría sido bastante embarazoso para la entidad. Por lo tanto, se ocultó, pero en realidad así fue. Anticipad la inspiración. ¿Sabéis qué es la inspiración? Permiso para vuestro propio conocimiento, para vuestra propia divinidad. El fruto de la pasión es meramente la divinidad experimentada y conocida, y podéis probarlo y saborearlo para siempre. Clavad los dientes en él y absorbedlo con pasión.

Salid ahora e iluminad el mundo. Pasad vuestros cepillos de pasión por toda la creación. El lienzo del universo está a vuestra disposición para que lo pintéis como queráis, para que lo compartáis y encendáis como queráis. Intercambiad energías con cada expresión de la creación. Con toda expresión: el canto del pájaro, el agua del cielo, vuestros lagos, océanos, los cielos nocturnos y el fulgor de las estrellas. Experimentadlo todo con un intercambio de energía llamada pasión. Convertíos en la pasión. Una vez experimentada, sois vosotros. Convertíos en ella. Convertíos en el fruto de esa pasión, afrodisíaco para vosotros mismos.

De momento me despediré. Al partir hacia lo que vosotros llamáis séptima dimensión, séptimo plano, allí me fundiré con vosotros, pues vosotros también sois ilimitados. Hay una esencia de vosotros que también es de la séptima dimensión, del séptimo plano, y me entremezclaré con vuestra esencia y compartiré vuestra pasión. Exploraos. Amaos. Abrazaos a través del espejo de todo lo que es. Que así sea.

Capítulo 6

Preguntas y respuestas

Sobre espíritus afines y temas relacionados

SALUDOS, hermanos y hermanas. Tal fulgor... Me siento honrado de estar bajo su influencia. ¿Cómo puedo ayudaros este día de vuestro tiempo?

P.: St. Germain, una pregunta acerca de los espíritus afines: ¿Estamos hablando de una constelación de gente que forma una especie de cuerpo del alma?

Ciertamente.

P.: ¿Cómo se aplica eso a la ascensión de un individuo?

Al acopiar más de la energía de la esencia del alma hacia vosotros, de forma natural acopiáis más de vuestros espíritus afines en el plano de esta Tierra. Así como quizá no sea ni varón ni mujer en esencia y en manifestación física y no física a la vez, llegará a vosotros como una energía de luz reconocida como de vuestra propia esencia. Cuando ello ocurra, será una progresión natural hacia la iluminación. Es lo que llamaríais una maduración en el proceso de la ascensión.

P.: ¿Estas almas ascienden juntas?

Ciertamente. No es armonioso hacerlo de otra manera.

P.: Estos trece maestros de los que usted se describió formando parte, ¿están considerados como integrantes de la constelación de los espíritus afines?

Ciertamente.

P.: ¿Y están separados de los siete de los que hablan Mafu y Ramtha?

Los siete forman parte de los trece.

P.: Entonces, ¿por qué hay una distinción?

No tiene por qué haberla. La separación ayuda en la comprensión del proceso mental. Os permite acopiar alineación con lo que llamaríais los tecnicismos y desmenuzamiento de las teorías, etcétera. Es una comprensión progresiva —un escalón— hacia lo ilimitado donde no existe la separación.

P.: ¿Sigue habiendo una esencia de la personalidad?

No una vez que hayáis llegado a la comprensión de la ascensión. Porque cuando sois Uno con el Padre/Madre, la esencia de la Fuente, entonces no existen cosas como personalidad, ya que en sí misma es la separación y la limitación. Cuando en verdad sois ilimitados, estáis fusionados y sois uno con el vacío y adquirís conocimiento de todo. En el conocimiento de Todo-Lo-Que-Es, que es vosotros, no conocéis ninguna separación, pues todo es reflector de vosotros.

P.: Entonces, en esencia, ¿podríamos decir que usted, Ramtha y Mafu son lo mismo?

Por supuesto que sí. ¿Por qué creéis que tenemos una fraseología tan similar? Ser uno con el vacío es una especie de fusión del alma. Todos somos Uno. Cuando centramos nuestras energías para presentarnos de esta manera para la agrupación de luz en este plano de la Tierra, centramos haces de frecuencia de energía, y esas energías específicas son diferentes en aquello que vosotros llamáis personalidad. Sin embargo, en realidad todos nosotros somos los mismos.

P.: En ese caso, ¿también hay trece de cada uno de nosotros?

Los trece se están convirtiendo en un tema bastante popular. Cuando la Fuente divina, o el Padre, emitió la contemplación de sí mismo, decidió y deseó más experiencia y expansión en un campo que era físico en naturaleza, y más denso, más centrado. Con el fin de conseguirlo, creó trece cuerpos de esencia del alma. Al hacerlo, no hubo diferenciación en género. No hubo ni hombre ni mujer. Tampoco personalidad. Sencillamente era un cuerpo amorfo de energía. Al fragmentarse para experimentar lo físico y acopiar ese conocimiento y aprovechar la sabiduría que contenía, adquirió el conocimiento del varón/mujer, personalidad, físico, no físico, etcétera. Hay muchas comprensiones fragmentarias, y hay trece de estas. No obstante, todas son idénticas, cada una posee una frecuencia particular que enfatiza una resonancia específica con el fin de sincronizar Todo-Lo-Que-Es, en el entendimiento sinfónico de una orquesta. De modo que para comprender a los trece, debéis saber que en naturaleza son todos idénticos, y cada uno de vosotros pertenece a uno de los trece, aunque todos ellos pertenecen a la Fuente, o al Padre, y la fusión con lo que se llama ascensión. Al ascender, os convertís en uno con Todo-Lo-Que-Es, y uno con estos trece por los que sentís tanta curiosidad, y uno con todo lo que es la esencia de vuestro espíritu afín y vuestro cuerpo singular de energía de los trece.

P.: ¿Podríamos vernos fragmentados en más de trece, o más de veinte, o...?

Dentro de cada uno de los trece, existen miles. Al acopiar la energía hacia vosotros, todos os fundiréis hasta volver a ser el Uno, y luego este Uno se fusionará con los otros trece. Entonces saldréis al vacío. Ello forma parte de la progresión de la quinta y sexta densidades. Podéis hacerlo en un momento, en un abrir y cerrar de ojos. No consume nada de tiempo, pues el tiempo no existe en esa dimensión, ya que se trata de una limitación.

P.: ¿Cuál es el gran pensamiento que se tiene durante la fusión?

Amor.

P.: ¿Y de dónde vienen los siete? ¿Y quiénes son los otros seis?

Los siete en vuestra comprensión son solo las esencias de ese cuerpo de energía que desea emerger de dicha manera, en lo que vosotros llamaríais trato total. No hay nada especial acerca de estos siete en particular. Únicamente fue un deseo específico que tuvieron ellos de emerger de ese modo. Los otros seis no se han quedado atrás. Sencillamente tenían otros deseos. Todo es divino. En la eterna apertura, vosotros os halláis en la fase embrionaria, y aquello que consideráis que soy yo estaría en la escuela primaria. Así que todos somos espejos mutuos. Todos estamos abriéndonos en nuestro conocimiento.

P.: St. Germain, ¿las almas de cada uno de los trece resuenan con un color en particular?

Ciertamente, ya que los colores son solo frecuencias.

P.: ¿Qué frecuencia es usted en color?

Violeta. ¿Sabéis qué representa el violeta?

P.: ¿La conciencia de Cristo?

Así es. El equilibrio... el equilibrio divino del amor incondicional y la soberanía, el amor incondicional representado en vuestro planeta por el color conocido como rosa. La soberanía es el color azul. La fusión de los dos es el violeta.

P.: St. Germain, ¿hablaría de la importancia de esa otra parte del alma, el espíritu afín, demostrando también en este plano la unión de los dos?

Aquello que es la esencia del espíritu afín no está necesariamente en este plano, aunque bien podría estarlo. No es necesario fundirse con él en lo físico. En cualquier caso, la fusión tendrá lugar automáticamente, y cuando la fusión física ocurra, si es que así sucede, entonces no se parecerá a nada que hayáis experimentado hasta ahora. Se experimentará en cuarta densidad, y os diré esto: La fusión física en la superconciencia solo será con un espíritu afín, y será una celebración de todos los tiempos. Será la esencia del alma encendiéndose en comunión y en amor expresado mutuamente.

P.: ¿Es por ello por lo que tantas parejas de espíritus afines tienen problemas ahora... por no encontrarse en la cuarta densidad?

Es parte de ello. Se ven afectadas por la interrupción de la tercera densidad, como vosotros lo llamaríais.

P.: Si se hallaran más en la cuarta densidad, ¿entonces experimentarían más armonía?

Ciertamente. También ellos mismos están abriéndose a la cuarta densidad. Se encuentran en transición. A veces son cuarta. A veces son tercera. En ocasiones son un poco de las dos. Cuando la superconciencia prevalezca, habrá paz y armonía y gozo. En verdad que será un lugar refulgente.

P.: Los miembros de esa constelación de espíritus afines que se rezaguen, ¿se verán arrastrados automáticamente por los esfuerzos del resto del grupo?

Si así lo desean, y, hablando en general, sí lo quieren. Con algunas entidades se produce un acontecimiento esporádico de colapso interior cuando no desean avanzar hacia la alineación con el resto de la esencia del alma. Cuando ello sucede, es como si te faltara una extremidad. Sin embargo, es bastante posible —no hay nada que no sea posible— avanzar hacia Todo-Lo-Que-Es sin ese electro en particular que estuvo involucrado en un colapso hacia dentro. Solo es el agujero negro de una esencia del alma. Eso sucedió con la gran entidad Ramtha.

P.: ¿Y eso llega a ser reparable?

Es de lo que hablo. Es muy probable que esa alma pueda salir del agujero negro, del colapso interior, y llegar a la Fuente. Sin embargo, en el caso de Ramtha no se ha hecho, pero es posible. Ramtha avanzó en el conocimiento de Todo-Lo-Que-Es en la contemplación de la naturaleza, en la contemplación del dolor, del guerrero y de la víctima. En todo ello adquirió el conocimiento de la libertad y el amor. Había parte de esa esencia que era su espíritu afín femenino y que deseaba experimentar el colapso interior. En cualquier caso, esa gran entidad, Ramtha, avanzó y consiguió el entendimiento de Todo-Lo-Que-Es. Esa parte específica del electro que se rezagó aún sigue rezagada. No obstante, no es imposible que avance y se funda.

P.: ¿Se aplica eso también a Mafu?

Ciertamente.

P.: ¿Entonces la mujer que canaliza a Ramtha es la parte que se rezaga?

No. Esta entidad que es el instrumento no es la esencia del alma de la gran entidad Ramtha. Simplemente era muy querida, adorada y amada por la esencia llamada Ramtha.

P.: St. Germain, ¿el agujero negro tiene algo que ver con Jehová?

Ciertamente. Tiene mucho que ver con Jehová, y mucho que ver también con la gran enfermedad llamada SIDA. Esta es la comprensión del hombre físico, con la densidad del hombre muy comparada con Sodoma y Gomorra. Es por la realización de la superficialidad, de aquello que no es del sello del corazón, sino del sello de la raíz, y que invoca lo que no pertenece a la conciencia del Cristo, sino a la del Álter Ego en la naturaleza. Cuando los dos se enfrentan, o bien uno lo resuelve y llega al conocimiento de Todo-Lo-Que-Es en su interior y permite que la luz sane, o bien deja que el Álter Ego se exprese como esta enfermedad, que es una atracción para aferrarse a la tercera densidad. Es la experiencia de la mala alineación, el dolor, la falta de armonía, el remordimiento, el pesar y el sufrimiento. Al experimentar esto, uno se ve inmerso en la desolación y el gozo desaparece del ser.

Eso es lo que desea el Álter Ego: aferrarse a la tercera densidad.

El Álter Ego no existe en reinos no físicos. Solo existe en lo físico, ya que es ahí donde está separado del Ego Divino del YO, y teme todo porque no lo conoce. Teme ir a la luz, fundirse con vuestra luz, permitir que esta se filtre en vosotros. Al suceder, se ve amenazado, ya que no sabe qué ocurrirá. Es como un niño. Esto también se aplica a Jehová. Al sentir amor incondicional por el Álter Ego y Jehová, el Álter Ego perderá agresividad. Sucumbirá al amor. Se domesticará. Se sentirá aplacado, tranquilo y amado, pues mientras le habláis y le dejáis saber que es amado, que es parte de vosotros, entonces sabrá que será amado, aun cuando se encuentre bajo la luz, pues la luz lo amará todavía más.

Habladle como lo haríais con un niño, porque en verdad que se comporta y responde como lo haría un niño vuestro que no sabe y tiene miedo y no entiende. Está bien, pues cuando tiene lugar la fusión, estáis realmente alineados y equilibrados, el Álter Ego se vuelve soberano, y el amor incondicional que lo calmó se convierte en el amor incondicional de toda la vida, de su totalidad; y al fundiros los dos, os convertís en Dios.

P.: A menudo existe conflicto acerca de la responsabilidad hacia los miembros de la familia, porque no es la verdad de ellos el que alguien se aparte de la responsabilidad

¿Qué es la responsabilidad sino esclavitud hacia otro? Veréis, cada entidad es soberana en sí misma. Cada esencia divina es responsable solo de sí misma, y eso es todo.

En verdad podéis estar en armonía con vuestra familia sin estar de acuerdo con ella. Eso es indulgencia en su verdadera forma: permitir que aquello con lo que os mostráis en desacuerdo sea su propia divinidad.

Podéis amarla de todo corazón, incondicionalmente, mas no ser esclavos de ella debido a la responsabilidad. La obligación o la carga de la responsabilidad es sumisión a la soberanía de otro y ello no es armonioso con la apertura a la luz.

P.: Bueno, mi hija es madre de dos hijos pequeños, ¿y cómo puede ser soberana una madre con dos hijos? Ella ha elegido ayudarlos en su desarrollo hasta que sean capaces de mantenerse a sí mismos.

¿Cómo consideráis que la entidad María fue soberana con Jesús? En el entendimiento que tenéis de la limitación llamada tercera densidad, les permitiríais un paso y un corredor en vez de una caja. En la concesión de su soberanía también emitís la vuestra, y, al hacerlo, surge el deseo del respeto y del amor mutuos. Así es como responderán todas las esencias entre sí en la superconciencia.

Así es como se ayuda en la comprensión a los niños de vuestro plano en la transición de la tercera a la cuarta densidad, o del entendimiento limitado al ilimitado: la aceptación de la soberanía de sus padres y la aceptación que tienen estos de la soberanía de sus hijos.

Espejos mutuos, amor y respeto mutuos. De esta manera todos podéis ser grandes ejemplos para el otro. Al hacerlo, encendéis vuestra propia llama.

P.: He tenido muchas relaciones distintas, algunas muy intensas en las que creí estar enamorado. ¿Cómo puedo aceptar mi vida?

Primero, queridos míos, las muchas entidades que encontráis en esta experiencia de vida son vuestros espejos, para que podáis saber que ahí no radica vuestra felicidad. *Es vosotros*. No sintáis dolor ante el fin de las relaciones. Hay que estar gozosos, pues en dicho gozo comprendéis que cada momento que os fue arrebatado y que desearíais tener no está fuera de vosotros. Está en vuestro interior. Son solo reflejos y, al marcharse, no os veis a vosotros mismos, y os sentís perdidos. Al marchar a otras experiencias, sentís que parte de vosotros se ha disuelto, y eso no es así, pues vosotros sois Todo-Lo-Que-Es, sois infinitos. Jamás termina. Se expresa de todas las maneras y formas. Ciertamente, estas entidades han llegado a vosotros en el pasado porque vosotros habéis deseado entender esto antes. Os habéis vuelto testarudos, y no lo entendisteis y deseáis hacerlo ahora, en especial cuando entráis en ia luz de otras partes dimensionales de vosotros.

Las entidades que os reflejan no son las únicas relaciones.

Pensadlo, queridos míos. Es todo sobre vosotros en vuestro contacto íntimo.

Vosotros creáis todas vuestras circunstancias, pero en esta relación específica y carente de armonía su naturaleza intensa es la reverberación y vibración del deseo del alma por saber que vuestro gozo es vuestra propia esencia del alma en armonía y alineación con Todo-Lo-Que-Es.

Vuestro júbilo no radica fuera en ninguna experiencia, éxito o relación con una entidad, o con los hijos, pues eso significa perder vuestra soberanía.

Vuestro gozo y felicidad son vuestra soberanía. No se la deis a ninguna otra entidad para que tenga soberanía sobre vosotros.

El camino hacia el que vais y el modo en cómo os percibís emana del interior, del conocimiento de vuestra alma, está en vuestro pecho. Palpita ahí. Por ello os sentís desolados. Pero aún no lo sabéis.

P.: St. Germain, parece que cuando me sale un sarpullido es cuando tengo una relación. ¿Es ello indicio de que algo se está limpiando o...?

El sarpullido en la piel solo se debe al miedo que le tenéis a la relación. No es la relación en sí misma lo que teméis, sino a la otra entidad, al otro género del YO. Es miedo a vuestro Álter Ego, que se aferra a este plano de la Tierra. Desea aferrarse, pues ve que hay mucha luz en vosotros, y por ello se presenta más y más temeroso. Este plano de la Tierra, este plano físico, es el único lugar en el que el Álter Ego está demostrado. No existe otro lugar en el que se conozca la separación. En los demás sitios está fundido y unificado en armonía en lo no físico. Por consiguiente, a medida que vuestra esencia está más y más iluminada alberga en su interior el deseo ferviente de aferrarse y, al hacerlo, presenta cada vez más fractura del YO con el fin de desalinearse para que haya menos luz. Se siente incómodo en la luz. Para alinearlo, lo único que tenéis que hacer es permitirle que sepa que la luz lo ama. En verdad el Álter Ego es muy infantil, muy parecido a un niño que no comprende, que tiene miedo.

La respuesta requerida para alinearlo es muy similar a cómo responderíais a un niño que teme lo desconocido.

Lo desconocido puede ser muy aterrador para él, como una pesadilla, y lo mismo le sucede al Álter Ego. Ese sarpullido en la piel es solo una forma en la que se presenta. Es la mala alineación de la luz en vuestro ser exhibida a través de la piel.

La piel se ve inmersa en la luz y salpicada por ella, y empieza a tornarse más clara. Lo notaréis entre muchas entidades en vuestro plano: la piel se tornará más y más clara. La tercera densidad infiltra la luz de vuestra piel y presenta lo que vosotros llamáis un sarpullido. Lo único que podéis hacer es adquirir la comprensión armoniosa de lo que lo causa. Luego podéis atraer a vosotros al compañero de vuestro ser, y en ese intercambio de fuerza vital se acabará el sarpullido en esa relación.

Sobre cambios corporales

P.: St. Germain, últimamente mi organismo experimenta muchas cosas, como que se me acelera el corazón, el cuerpo se me calienta, se me tapan los oídos y siento una presión extrema en la cabeza. También tengo recuerdos súbitos, parecidos al despertar de un sueño.

Lo que experimentáis es la alteración de la encarnación. Los oídos taponados son solo vuestra conciencia que no os permite responder a la tercera densidad en la capacidad auditiva y oral.

Vuestros sentidos no desean compartir la tercera densidad, pues el conocimiento de estos más allá de lo físico os permitirá arribar a la luz del conocimiento de lo que sois. El dolor de cabeza y la congestión y todo eso... os he explicado que en vosotros es aplicable a la apertura. Sin embargo, lo que experimentáis como un sueño, no lo es. Parece una fantasía del sueño, pero es una experiencia de vosotros como quinta densidad que ya empezáis a percibir. Vuestra encarnación se está readaptando a la reentrada en la conciencia de quinta densidad al realinear la tercera con la cuarta.

P.: A veces resulta una energía tan abrumadora que me da la impresión de que voy a desmayarme. ¿Qué hago cuando eso ocurre?

La aceleración de vuestra encarnación, de vuestro sistema, es el metabolismo que aumenta de frecuencia. Es del todo natural. Lo que podéis hacer para alinearlo es respirar con fuerza. Dejad que los electros de la atmósfera entren en vuestros pulmones y que se filtren al corazón, al sello de vuestro corazón, aquello que es amor. Eso permitirá al sistema circulatorio dispensar calma y amor. Reducirá vuestro metabolismo hasta el punto en que sea armonioso con vuestra encarnación en este punto de vuestro tiempo. Así que respirad, permitid que la luz entre y luego enviadla palpitando por toda vuestra encarnación. Al llevar oxígeno a las células del cuerpo, también transportará luz. Y esta permanecerá, pero en armonía.

P.: St. Germain, recuerdo haber tenido una experiencia durante la cual mi cuerpo sintió como si la energía volara por él a tal velocidad que pareció disolverlo, aunque aún era consciente de que estaba ahí, pero mi percepción dio la impresión de expandirse a un reino por completo indulgente para el conocimiento de quién era yo. ¿Qué había ocurrido?

Todas las cosas acontecen porque deseáis que así sea. Fue el consentimiento en el momento de la apertura a la Fuente. Se percibió físicamente como una corriente, como una energía electromagnética ampliada. Fue el fluir de Todo-Lo-Que-Es. Al expandiros a Todo-Lo-Que-Es y dejar que la esencia del alma y el cuerpo de luz entren en vosotros, experimentaréis más y más de ello, y cubrirá todo vuestro campo áurico. Os sentiréis resplandecer, galvanizados. Al hacerlo, quizá toquéis algo y lo abraséis. Lo calcinaréis. Al tocar a la gente, dejaréis una huella. En este contexto pensad en la sábana de Turín del hombre Jesús. También ocurrirá con vosotros, y ello es un sabor iluminador de lo que ocurrirá.

Sobre los colores

P.: ¿Podría hablar más de los colores sanadores?

El color en esencia no sana. El corazón y la energía del amor procedente del corazón es lo que sana. El color realmente es externo. En realidad no importa.

En realidad, la verdadera esencia de la sanación, ya sea de naturaleza física, de esencia del alma o de naturaleza planetaria, es la esencia que emana del sello de vuestro corazón, de la Fuente divina. Cuando se emplea el color en la sanación, ello solo enfatiza uno u otro modo específico de esta, pero si emanáis lo que en esencia es dorado, lo abarcará todo. Es ilimitado en la sanación, sin importar el punto focal. Sanará multidimensionalmente.

P.: ¿El blanco no hará lo mismo?

El blanco es dorado sin el fulgor. El blanco es la combinación de todos los colores. Veréis, cuando observáis un retrato antiguo, hay un aura dorada por encima de aquellos a los que se considera santos. Ello se debe a que la esencia de su ser etérico, de su cuerpo de luz, es dorada en naturaleza. Así es como se percibe, y muchas esencias y entidades en aquella época de vuestra historia percibían los campos áulicos.

Muchos de vuestros pintores tuvieron una gran inspiración. Eran como canales, tal como aludís a ello en vuestro tiempo, y pintaron lo que veían. Por ese motivo vuestro metal llamado oro es tan precioso en vuestro día y tiempo. En sí mismo se lo compara con la conciencia de Cristo. Es suave, resplandeciente, cálido y sanador. Así sería valorado naturalmente en vuestra sociedad o en cualquier otra; y seguirá siéndolo en la superconciencia cuando esta prevalezca en este plano.

Sobre los cambios de nombre

P.: He oído decir que las personas reciben el nombre de su alma. ¿Sucede lo mismo con el alma global?

¡De nuevo con los nombres! La esencia de vuestra alma, al estar fundida con la Fuente, carece de nombre, ya que no tiene personalidad. Es Una con la Fuente. De modo que vuestro nombre espiritual, o lo que sea, es para vuestra diversión en este tiempo específico.

P.: ¿Entonces podemos elegir el que nos guste?

Uno que vibre hacia vuestra esencia tal como sois en este punto de vuestro tiempo. Habéis tenido muchos nombres de tercera densidad en vuestras diferentes experiencias de vida en este plano. También tenéis muchos nombres de cuarta densidad, pues en vuestras experiencias simultáneas en otras dimensiones de expresión sois de cuarta densidad en multitud de ocasiones.

Si deseáis un título o un nombre, elegid uno con el que resonéis en este momento específico de vuestra apertura. Al avanzar, este cambiará una y otra vez, hasta que se disipe en aquello que es Uno con todo. Hay miríadas de reflejos de luz sobre este plano que surgen de esta manera para pacificaros. Reflejar vidas pasadas también es una pacificación. Está bien. No hay nada malo en ello. Esta pacificación es del todo tercera densidad en su naturaleza. Está bien.

No obstante, un nombre para el alma en realidad no es un nombre para el alma; es un término inadecuado.

Sobre St. Germain

P.: St. Germain, en su última estancia en el plano de esta Tierra, ¿qué hacía justo antes del...?

¿Premio gordo? Entonces contemplaba el sol en toda su gloria. Me convertí en uno con el polvo estelar, con el agua cristalina y con las montañas debajo del sol. Estaba enamorado de todo. Estaba tan asombrado y sorprendido por la belleza que había ante mis ojos que las lágrimas corrían por mis mejillas...

Me convertí en agua, en el sol, en el polvo estelar del cielo y también en el viento y en toda la vida, en los árboles, el canto de los pájaros, del grillo. Me convertí en todo ello y me fundí y contemplé Todo-Lo-Que-Es, la Unicidad. Deseé retornar a este plano para traer más conocimiento a las entidades que moran en él, aquellas que no entendían la luz, que no eran conscientes. Quise correr un poco el velo para permitir que la luz entrara. Vine como el conde St. Germain a traer esa comprensión a los gobiernos de Europa, al plano de la Tierra interior y a los hermanos de más allá. Vosotros los llamáis vuestros hermanos del espacio. Ellos os llaman sus hermanos del espacio. Estuve en comunión con todos ellos.

Cuando traje un poco de luz, ellos ejemplificaron su libre albedrío humano y muchos hicieron «oídos sordos» a mi mensaje.

Está bien. Todo es divino. No hay nada malo en ello, pero alteró un poco el plan. Cuando vinimos, y digo «vinimos» porque en ese punto había más —no solo yo—, con más deseo de iluminar vuestro plano de la Tierra, atendimos a vuestra gran nación [Estados Unidos], a vuestra nueva Jerusalén, el lugar de nacimiento de la conciencia del Cristo.

Este continente, en verdad que nació en libertad e igualdad, y sus padres fundadores ahora son conocidos como la Hermandad; y las trece colonias originales representaban a cada una de las trece esencias del alma. Jesús y los doce discípulos también eran trece. Cada uno tiene resonancia con una frecuencia en particular y también cada una de las colonias tiene resonancia con su frecuencia idéntica.

P.: St. Germain, cuando se le pregunta algo que no forma parte directa de su experiencia, ¿cómo puede responder?

La fusión del sello del corazón permite que el conocimiento sea uno con aquello que yo soy.

P.: De modo que, en cierto sentido, lo que usted hace es leer la memoria celular.

No la leo. La conozco.

P.: La conoce y actúa como su espejo.

Cierto. Así es exactamente. Vosotros lo llamáis lectura. En absoluto nos parecemos a un libro. Yo reflejo el conocimiento de vuelta a vosotros.

P.: St. Germain, ¿ve a través de esos ojos?

Al miraros a todos vosotros poseo una visión del tercer ojo... veo vuestra luz. Al enfocar con estos ojos, veo vuestra encarnación, pero en su mayor parte veo vuestra luz. Solo enfoco para que podáis obtener reconocimiento de que os estoy respondiendo.

P.: St. Germain, ¿ve nuestra luz como tonalidades diferentes, más brillantes, más opacas o en colores diferentes?

Desde luego. El brillo emanará como una combinación de blanco y dorado. El campo áurico de vuestro cuerpo etérico es reconocido de vez en cuando. Sin embargo, cambia. Según el tema de discusión, vuestros campos áuricos están constantemente en flujo. A medida que algunas entidades se excitan sobre una cuestión en particular y sus oídos se aguzan, sus campos áuricos se cargan y cambian. Si una entidad dormita mientras su percepción consciente se disipa, su campo áurico también cambia. Su luz etérica emanará en una tonalidad verde y esmeralda, y azul, parecida a la del cielo. Las entidades que se excitan tienen un tono rojizo y anaranjado a su alrededor.

Las entidades que son armónicas —como si flotaran en una nube— están rodeadas por una tonalidad púrpura. Las entidades que están completamente enamoradas del reflejo que les presento, se ven circundadas por el rosa. Veréis, lo que aman no soy yo, sino a ellos mismos. Lo percibo como una impresión secundaria del blanco y dorado, y al enfocar aún más percibiré vuestra presentación física. Yo expreso mucho calor y gran apreciación por esta experiencia.

P.: St. Germain, ¿hasta dónde se extiende nuestro campo áurico más allá de nuestro cuerpo?

Todos son diferentes. Al comparar uno con otro, os separáis. Hablando en general, con percepción de tercera densidad a vuestro alrededor —el ir y venir del conocimiento de tercera y cuarta densidades en vuestro interior y la batalla del Armagedón que se libra dentro de vosotros—, en ese estado el campo áurico por lo habitual se extiende entre un metro y medio a dos metros más allá de vuestra encarnación. Pero ello en su totalidad, en todos sus niveles de comprensión, en todas sus frecuencias. Hay ocasiones en vuestro estado de meditación o contemplación que en verdad se extiende al infinito.

Hay veces, durante acaloramiento e ira, durante ataques de frustración, en que se estrecha un poco más, ya que está concentrado en tercera densidad... Es más grueso, denso, pero esos límites no tardarán en disiparse de vuestra contemplación a medida que avancéis hacia un entendimiento ilimitado.

Sobre delfines y ballenas

P.: St. Germain, los delfines tienen alma, ¿carecen de Álter Ego?

No, pero están alineados con él. Estuvieron en vuestro plano en la época de la Atlántida, mas no eran atlantes, eran de naturaleza lemuriana. Se encontraban muy cerca de la esencia espiritual. Su naturaleza es el amor a la vida, el gozo y la risa, y la civilización de la Atlántida no estaba en armonía con ellos.

La Atlántida era muy tecnológica, muy guerrera, con mucho deseo de gobernar y tener dominio sobre el resto de la Tierra y sus pueblos. Los lemurianos fueron conquistados y sometidos por los atlantes. Le dieron amor a los atlantes y percepción de la divinidad de Todo-Lo-Que-Es a todas las entidades que moraban en vuestro plano en aquel momento de vuestro tiempo.

Sin embargo, tras la caída de la Atlántida volvieron de nuevo, en una encarnación diferente, y eligieron el agua como su morada. El delfín en verdad pertenece a otro entendimiento planetario.

P.: He oído decir a Mafu que los delfines abandonarán esta densidad y que casi todos regresarán a las Pléyades. ¿Hay otros seres que elegirán no permanecer aquí cuando la Tierra realice su transición a la cuarta densidad? ¿Quiénes son?

Vuestras ballenas. ¿Por qué creéis que hubo tanta conmoción acerca de salvar a las ballenas? Realmente son vuestras hermanas. Su encalladura y sus plañidos son solo los gritos a sus hermanos [humanos] para que les permitan conocer la comunión entre los dos. Ellas lo saben. Los pueblos sobre la Tierra no lo saben.

Las ballenas se suicidaron en masa con el fin de llegar hasta sus hermanos, y aun así los pueblos sobre la tierra no lo entendieron. Realmente no lo entendieron. Pero lo harán.

P.: Gracias. Una cosa más, cuando menciona a los delfines, una emoción tremenda brota en mí. *(Los demás corroboran lo mismo.)*

Muchos de vosotros habéis estado presentes en Lemuria y la Atlántida, y no solo estáis en comunión con ellos, ya que bastantes tenéis parte de la esencia del alma en esa comprensión. Ese es el motivo por el que en el ahora de vuestro tiempo, cuando la superconciencia aparece por el horizonte, hay tanta afinidad con los delfines. Éstos han sido de naturaleza más bien sumisa. Se alinearán más con el equilibrio de la soberanía y el amor incondicional, y se convertirán en el espejo de la humanidad.

Sobre la meditación

P.: St. Germain, ¿posee una meditación para elevar la kundalini al chakra de la corona?

La meditación puede volverse ritual. En verdad que es maravilloso entrar en esa contemplación de quietud y soledad con el YO. Es útil y ayuda a establecer la transición de la tercera a la cuarta densidad. No obstante, desearemos que no se convierta en un dogma, pues ello representa una limitación. Sin embargo, al avanzar en la apertura a la cuarta densidad o superconciencia, o ascensión, entonces sabréis que vuestra vida es una meditación. Caminaréis en constante meditación. En vuestro ser, seréis Dios. Por lo tanto, la meditación es innecesaria. Aunque os permitimos que os divirtáis con ella.

Miscelánea

P.: St. Germain, usted dijo que hay cierta energía femenina en el Concilio de los Trece, ¿Matea forma parte de él?

Entiendo de lo que hablas. Sin embargo, deseo que sepáis que una personalidad o género, de esta manera, en realidad solo sirve a vuestros propósitos.

P.: Lo entiendo.

No todas las entidades lo hacen. Aquello que consideráis que soy yo es tanto masculino como femenino en total alineación. En realidad, no soy ninguna, pues soy las dos cosas. El objetivo de la entidad de la que hablas, que viene en una presentación femenina, es para ayudar a la comprensión de la igualdad en vuestro plano. Cuando venga, la humanidad, no las mujeres, entenderán que lo femenino también es soberano, y quedará muy sorprendida. Matea forma parte de la esencia que vendrá, aunque también existe la parte femenina de la entidad que ha sido conocida como Jesús.

P.: ¿Es Reena?

Eso forma parte de la comprensión fragmentaria de como se lo ha conocido. La comprensión fragmentaria de lo que conocéis como yo ha sido conocido como Merlín, también como Cristóbal Colón y como otras muchas entidades.

Reena, asimismo, es una experiencia vital conocida como parte de esta energía. Sin embargo, tomará a muchos por sorpresa. Veréis, hay muchas cosas de las que vuestro plano no es consciente en este punto del tiempo, y son las cosas de las que advierte vuestro libro del Apocalipsis.

P.: ¿Se supone que debemos estar alerta?

No, pues nada hay que temer. Sin embargo, esas esencias que sí temen crearán gran trepidación sobre el nacimiento de una esencia masculina específica que vendrá, porque no contemplan una esencia femenina. Mas la esencia femenina es el amor incondicional, demostrando la conciencia del Cristo a través del amor incondicional de la naturaleza de la mujer. Esto, combinado con la soberanía, en verdad que personificará la conciencia del Cristo. Ellos no contemplaron eso.

P.: ¿Nacerá esta entidad?

Parece que esto ocurrirá en este punto de vuestro tiempo [1987]. Todo está sujeto a cambio. Ha habido muchos cambios radicales en la conciencia de este plano. Por lo tanto, hay alteraciones en el diseño y los deseos de los que están aquí para asistir a los de este plano.

P.: ¿Deberíamos buscar una estrella en el cielo?

Contempladlas a todas, pues la estrella [de Belén] no era una estrella. Fue una nave.

P.: ¿La entidad que conocemos como María pertenece al grupo de las almas superiores?

Ella en verdad fue una de las trece que tuvieron presentación en esta Tierra. Es poco distinta de Jesús, o de Sananda, o de cualquiera de los otros nombres con que se conoce a esta entidad. Veréis, la energía conocida como Sananda, o Jesús, también es muy conocida en otros planos, no solo en la Tierra. Conocéis a la entidad Jesús también con la terminología de Krisna. Era otra esencia o fragmento, aunque eso nada importa, porque todos vosotros sois tan divinos como estas entidades. Todos somos Krisna. Todos somos Jesús. Todos somos muy capaces de ejemplificar la conciencia del Cristo en personificación como ejemplo en lo físico. Reflejar el resto de la vida. En verdad que sí.

P.: *St. Germain, ¿entonces Jesús, si lo he entendido bien, también es parte del Gran Concilio Blanco?*

Ciertamente.

P.: *Muy bien, las escrituras hablan de su regreso en el cielo. ¿Cómo será... como conciencia del Cristo o como algo físico?*

Aquí hay significados multidimensionales. Está la encarnación física de una esencia específica que representa la conciencia del Cristo, como serán muchas en este plano, no solo una entidad, sino muchas, aunque será en la forma de una encarnación. No vendrá de la nada, pues hay una nave por encima de aquello que percibís como una nube. La conciencia del Cristo descenderá y será asistida desde arriba, desde lo invisible. ¿Qué creéis que es la Hermandad? Son también vuestros hermanos del espacio. En la actualidad son invisibles, y están emanando conciencia del Cristo sobre vuestro plano, pues entienden las aventuras de la humanidad y los obstáculos que esta crea para sí misma. Veréis, la Hermandad y los hermanos de lo invisible del espacio os observan, y lo que pueden ver es comparable con mirar ratones en un laberinto. Ven cómo llegan hasta las barreras, olfatean, dan media vuelta y se topan con otra barrera; y vuelven a olfatear un poco y caminan en círculos y se desconciertan; y al cabo encuentran la salida si persisten lo suficiente. A veces terminan en el mismo punto del que salieron. No obstante, este es el viaje que ha elegido la humanidad y en ello no hay ningún juicio. Vuestros hermanos de arriba y la Gran Hermandad Blanca son muy indulgentes y os aman.

P.: *St. Germain, yo no poseo un sentido del hogar... el hogar parece estar allí donde estoy yo. Así que aquí estoy sentado, miro en derredor, y sé que si quiero trabajar puedo manifestarlo. Pero cuando voy más allá de ese pensamiento me da la impresión de que se trata de otra distracción, y me veo tan inmerso en las distracciones que me impiden hacer cualquier cosa...*

El conflicto surge solo porque permitís que la tercera densidad se interponga en vuestro camino. El deseo de progresar o entenderlo todo es, sencillamente, vuestro yo finito que desea echarle un vistazo por el microscopio. La sensación de que el hogar está allí donde os encontréis es la experiencia ilimitada del momento. Desead en verdad el gozo del momento y no contempléis qué vendrá después... eso es *ser*.

Experimentad ser *vosotros* en el gozo del momento de Dios, del Dios que sois *vosotros*, experimentad toda la vida en el momento tal como aparece. Al hacerlo, os abriréis más y más. La consternación sobre vuestro progreso, el deseo de saber y entender cómo funciona todo, es una limitación. Os provoca frustración. En verdad que está bien y es maravilloso. Sin embargo, si deseáis el viaje armonioso, sencillamente sed, y, cuando la frustración se presente, dejadla ser y decidle al Álter Ego que está bien sentirla. Reconoced que forma parte de vosotros y dejadla estar. Entonces aseguradle que la amáis, porque es parte de vosotros, y que también puede estar en el gozo del momento. Las partes separadas de vosotros son una. Cobrarán conciencia de dicha unidad cuando reconozcáis conscientemente que son una y no algo separado contra lo que hay que luchar, confrontar, liberar, olvidar o empujar. En cuanto a vuestro hogar... no es un lugar. Es conocimiento. Por ello os sentís tan confortados allí donde estéis.

P.: Pero siento como si marchara en el tiempo, en cierto sentido yendo a alguna parte sin ir a ninguna.

Pero aún seguís abriéndoos. Estas frustraciones en vuestro ser en el deseo de ser ilimitados son una mayor apertura, pues estáis entrando en su conocimiento, dejando que la luz se filtre en la tercera densidad de lo que queda de vosotros. Sois como los topos que salen de la oscuridad hacia la luz, los ojos se adaptan y la esencia del alma también. Esta esencia del alma que está adaptándose no solo consiste de otras partes de vosotros que hay sobre este plano, sino de aquellas que se encuentran en otras dimensiones. Todo forma parte del proceso de adquirir conocimiento de la esencia divina de vuestro interior. En vuestro estado de sueño también asimiláis y os abrís.

P.: Entonces, ¿cómo encaja en ello el destino? ¿Vine aquí con un plan específico? ¿Hay un lugar específico en el que se supone que estoy?

En una comprensión ilimitada el destino no existe. Los deseos son de vuestra esencia del alma en el momento, y cambian de un momento a otro. El destino jamás está grabado en piedra y se puede cambiar a placer. El deseo es solo la contemplación del acceso a la comprensión de la tercera densidad con el fin de experimentar y, por ende, aprovechar la sabiduría contenida en el corazón y en el núcleo de dicha experiencia. Cada momento es maravilloso. Cada momento es igualmente válido para otro momento. Está a rebosar de gozo, si tan solo queréis compartirlo.

P.: St. Germain, ¿de quién es la extravagante fantasía de esta separación?

Del Dios que os creó a todos vosotros, que es *vosotros* en vuestra esencia más grande. La energía creadora de Todo-Lo-Que-Es permitirá que cualquier expresión con alguna circunstancia experimente la percepción exterior de la conciencia en la tercera densidad. Es el deseo de lo que es físico en naturaleza y de entender qué es ser el que mata y el que muere, víctima y perseguidor. Veréis, la vida está equilibrada en el sentido de que vosotros experimentáis todo, la discordia y la falta de armonía. No obstante, cuando lo realineáis con la luz, sabiendo que existe un mensaje divino contenido en el interior, entonces lo acumuláis, sabéis lo que es experimentarlo. Os convertís en el conocimiento y abandonáis la experiencia… la entregáis a Todo-Lo-Que-Es. La sacáis más allá de la limitación de la tercera densidad. Le permitís ser ilimitada, pues con ello os habéis adueñado de ella. Ese es el gran designio para aquello a lo que llamáis locura.

A veces aparece de tal manera que os preguntáis cómo podríamos haberla elegido. Muchas de las elecciones tienen lugar al nivel de la esencia del alma y no al nivel de la percepción consciente. El proceso del nacimiento, la elección de nuestros padres y las circunstancias que lo rodean, también es de la esencia del alma. La percepción exterior no permite que salga el conocimiento de la esencia del alma, pues ello significaría ser ilimitado. Si eso ocurriera, tendríais mucha confusión en vuestro plano, es decir, si conscientemente conocierais todas vuestras otras experiencias dimensionales en la simultaneidad de todo el tiempo. No tendríais claro qué experiencia se hallaba en esta dimensión. Algunos lo han llamado estar loco, ser esquizofrénico o bien han usado otra terminología. Algunos lo llamarán personalidad múltiple. Parte de esto es una percepción de otras expresiones de la existencia. No están locos. Son ilimitados.

Einstein era considerado un loco. A muchos de vuestros visionarios en ocasiones se los ha percibido como locos. Sin embargo, el conocimiento de vuestras otras dimensiones en mala alineación, en confusión, manifestará circunstancias carentes de armonía que harán que las esencias que os circundan os juzguen de esa manera. Es a favor del propio Yo volver a alinearse. También para lo bueno. Todo en vuestras experiencias, en las experiencias de todas las esencias, es para lo bueno, aun cuando no seamos capaces de percibir exterior y conscientemente ese bien.

P.: St. Germain, cuando habla de vivir simultáneamente en esos planos diferentes —por ejemplo, en una Tierra media y en otro sistema planetario-, ¿en cuántos planos se puede vivir mientras se está encarnado en la Tierra física?

Si deseáis contarlos, entonces desearéis limitarlos, pues se hallan en constante fluctuación y son infinitos.

P.: Y al vivir en esas otras dimensiones, ¿también evolucionamos y aprendemos en ellas?

Desde luego.

P.: También quería conocer las predicciones sobre los terremotos. ¿Es algo que necesitaremos experimentar o...?

Eso depende de vosotros como una totalidad de conciencia que se halla en un constante estado de flujo y reflujo. Veréis, la predicción o proyección de lo que ocurrirá se basa en el momento actual si todo permanece igual, si nadie cambia de parecer, algo que, como mínimo, es muy improbable afirmar. Los grandes terremotos y temblores, las montañas que estallan y las marejadas... es cierto que a veces parece que va a suceder muy pronto. Sin embargo, hay momentos en que eso se ha disipado en el flujo del amor de la humanidad en armonía. Durante ese periodo de tiempo, hay sanación y solaz del deseo para las circunstancias terribles. Quien solo sabe de verdad cómo va a ocurrir es cada entidad en sí misma, pues está en el conocimiento de sus propios deseos. Si en verdad no queréis que acontezcan unas circunstancias terribles, simplemente permaneced en el conocimiento constante de que no acontecerán, de que no hay que temerlas; y si no hay nada que temer entonces en verdad nada habrá que temer como resultado del pensamiento divino provocando esa manifestación. Si sabéis que los seres humanos son hermanos alineados mano con mano y corazón con corazón, entonces así será en los días futuros. El conocimiento hará que se manifieste. Si sabéis que hay un gran temblor o terremoto inminente, entonces tendrá lugar.

Me despediré de vosotros por el momento, y al hacerlo desearé que cada uno de vosotros sepa que sois estrellas por derecho propio: refulgentes, centelleantes, convirtiéndoos en el enigma que otros contemplan; pues en ello se ven a sí mismos. Benditas seáis todas las estrellas. Bendito el cielo al que llamáis este plano. Bendita la vida que mora en su interior.

Adiós.

Capítulo 7

Soy libre

Saludos, mis amados hermanos y hermanas, ¿cómo estáis en este día de vuestro tiempo?

Público: Espléndidos, brillantes

Brillantes. Estáis aprendiendo. En verdad que sois todos brillantes en vuestras esencias. Pero aún no percibís vuestro brillo, vuestra iluminación bajo los cielos que llamáis vuestro plano de la Tierra. Y venís aquí a este espejo para poder entender qué es la libertad ejemplificada, personificada, ser un Dios libre. ¿Qué es la libertad? Decídmelo.

¿No tener limitaciones?

Esa es la percepción limitada de la libertad. Os diré que hay un gran pájaro que vuela en belleza y esplendor magníficos, el águila, símbolo de libertad. Ahora bien, ese pájaro conoce las limitaciones, los lindes, las barreras de la Tierra, el agua y las montañas. Ciertamente percibe esos obstáculos para experimentarlas y amarlas. Sin embargo, tiene libertad para surcar los aires con gozo y júbilo. Es el capitán de los cielos. ¿Por qué? Porque entiende, ama y permite las barreras, de modo que no es falta de limitación. *Es conocer, comprender y abrazar la limitación.* Ese es el entendimiento ilimitado de la libertad.

En este plano de la Tierra, muchos de vuestros ejercicios y afanes espirituales son un ferviente intento de obtener acceso al conocimiento de la libertad; pero os apartan de lo físico. Deseáis ser etéricos, pero la comprensión de lo físico se invalida de esta manera. Ya deja de ser válido ser humano. Ser terrenal y físico ya no se comprende como divino, de forma que camináis literalmente con la cabeza en las nubes, y buscáis la libertad allí... en el aire.

¿Sabéis que cada átomo de vuestro físico palpita y corre hacia la libertad de la esencia de Dios del interior? Está *en* vosotros. ¡No fuera de vosotros! Lo exterior es siempre el espejo de lo que hay aquí dentro... ¡siempre! Si experimentáis y percibís limitaciones y barreras, se debe a que lo sabéis aquí. Porque no habéis abrazado las barreras de vuestro interior.

Os contaré una historia. Hay una gran montaña. Su cumbre está cubierta de nieve. Es hermosa y espléndida y todos los que la contemplan se quedan maravillados. De modo que llegáis a esa montaña y percibís: «Ah, hay un sendero hasta la cima. Ascenderé esta montaña y en su cumbre hay una libertad con "L" mayúscula. No conoceré límites. Seré ilimitado. Puedo volar y surcar los aires. Me deberé a mí mismo conocer la libertad y me lo habré ganado, por lo que será mía». Penetráis en ese sendero y os afanáis por entre las rocas y las barreras del camino, pero está bien. Sabéis que habéis encontrado el sendero hacia la libertad. Es vuestro. De hecho, no hay otro camino. Lo bautizáis, probablemente en vuestro honor. Luego escucháis a otra entidad en la distancia que os dice: «He encontrado el sendero hacia la libertad. Está aquí». Y respondéis: «No, está aquí. Te equivocas». Decís que solo vuestro camino es el correcto. No entendéis la alegría que sienten otros cuando recorren su propio sendero. Luego, en vuestro camino os topáis con una roca inmensa y no la entendéis. Es un obstáculo para vosotros, os sentís frustrados y dais tumbos durante un tiempo. Luego, percibís otro sendero. Decís: «Ah, quizá estaba equivocado. Tal vez este es el camino. Lo recorreré durante un rato».

Así lo hacéis, y muchos os fatigáis por vuestros esfuerzos y abandonáis, dejando vuestra encarnación. Luego retornáis a vuestros padres, que tienen un sendero propio del otro lado de la montaña. En verdad que os desorienta. El de vuestros padres en ocasiones es tan desconocido que os sentís frustrados con la vida en su totalidad. Es muy corriente en vuestro plano que los padres y los hermanos desconozcan los senderos de los otros. Tantas veces os resulta desorientador que dais vueltas por la montaña, una y otra y otra vez, observando los diferentes senderos al mismo nivel, preguntándoos si existe incluso una montaña y un sendero si así lo deseáis. ¿Comprendéis?

Veréis, cuanto más cerca de la cima llegáis, más se aproximan entre sí los senderos. En la cumbre convergen. Entonces percibís miles de caminos y entendéis la validez de cada uno en su propio Ser. Cada uno es el sendero hacia la libertad. Cada uno es comprendido en el gozo y en la magnificencia de su propio Ser. Algunos son herbosos; algunos arenosos; algunos llanos, otros abruptos... mas todos son hermosos. Al llegar a la cima de la montaña, entendéis qué es ser libre. Comprendéis la soberanía y el sustento. La montaña —su símbolo es el sustento— es solidez, estabilidad. Existe en su propio conocimiento sosegado y divino. No desea encontrarse en otra parte. Entiende y abraza todos los límites llamados senderos. No desea estar sin ellos. No huye de ellos, sino que se regocija, pues está compuesta de elementos separados llamados límites. Sustenta la vida con grandiosidad. Tiene vida moviéndose por toda su superficie: pájaros, ciervos, niños, humanidad. Permite que la experiencia llamada vida experimente libertad en cualquier forma que cobre. Convertíos en la montaña. Volveos soberanos. Volveos sustento. Sed indulgentes. Entonces seréis libres.

Ahora bien, la libertad no huye de la responsabilidad, escondiendo la cabeza en la arena, ni descarta vuestra experiencia aquí. Eso no es libertad. La libertad se experimenta solo en la unión de los aspectos de la totalidad. Cuando sois libres, lo sabéis todo. ¡Lo experimentáis todo, abrazáis todo! No existen separaciones que sean inválidas. Todas son maravillosas.

La esencia del Dios Yo Soy viene a este plano para entenderse a sí misma a través de la propia separación.

Al hacer eso, experimenta enfoque de emoción para volver a sumergirse en la totalidad. ¿Cómo podéis ser libres si desconocéis de qué queréis ser libres? La huida induce miedo..., miedo de un aspecto que consideraríais que os limitaría, encadenaría, ataría; pero *él* no lo hace, lo hacéis vosotros. Tendeos sobre la hierba fresca de la Tierra y contemplad los cielos y ved a Dios. Constantemente se refleja de vuelta a vosotros, mas no lo veis. *Vosotros sois Dios.* Cuando cada cosa se entiende como parte del todo, los átomos físicos de vuestra encarnación, vuestra actividad cotidiana, vuestra vida, la familia, las relaciones, incluso las empresas, entonces os brindan la libertad para operar en su interior Pues entendéis los aspectos con el fin de poder fundirlos. No podéis hacerlo si no afirmáis su ser, si no los entendéis y apreciáis. ¿Cómo podéis fundirlos en el todo si los negáis?

La negación es miedo. La negación es separación. Es un mayor enfoque en lo físico y menor en la libertad de la que os hablo. Muchos de vosotros deseáis estar libres de reponsabilidad. «Oh, pero si no tuviera esto, entonces podría ser libre». ¿Os suena familiar? Veréis, si no tuvierais «esto», no entenderíais qué es amar incondicionalmente y dejar que otros experimenten como quieran. Permitidles su soberanía y los liberaréis. No dependen más de vosotros que vosotros de ellos. Darles esta libertad para ser responsables consigo mismos es el don de Dios. Ofrecerles ese regalo de Dios, multiplicado, se compara con las estrellas del firmamento del ser y se convierte en iluminación y luz para el mundo. No solo hablo de entidades, también lo hago de situaciones, circunstancias, encuentros, relaciones, ¡todo! Liberadlos. Dadles su soberanía para estar confundidos si así lo desean, sed desenfrenados con la limitación. Está bien. De esto es de lo que hablo.

La limitación es un aspecto de Dios con tanta validez como la falta de límites. Pues sin los dos no tenéis el todo. El color violeta es representativo de la libertad de la nueva era, la era de Dios. Veréis, el violeta no sería violeta sin todos sus elementos: rojo, blanco y azul. El rojo y el azul crearán un púrpura intenso. El blanco y el rojo crean el rosa. El blanco y el azul, el celeste, y ninguno de ellos es el violeta. *Todos* los aspectos —limitados como están en su vibración— crean la totalidad. Sin sus partes, el todo no existiría y no habría ninguna libertad. Vosotros sois la montaña. Existís dentro de las separaciones y límites en vuestro interior. Vuestro plano se manifiesta y se crea sobre la premisa de la separación. No vivís en la piel de otro, ¿verdad? Tenéis encarnaciones separadas y conciencias separadas. Reconocerlo os ayuda a percibir la divinidad dentro de la separación, pues sois aspectos de facetas múltiples del entendimiento prismático del Dios Yo Soy. Sin ese prisma no estaría completo.

Todos venís aquí a contemplar la esencia del alma de otro, a percibir a Dios, a respetar y admirar esta limitada percepción de vosotros en lo físico. Luego liberadlo, no lo cortéis, no lo separéis, ¡liberadlo en el Todo-Lo-Que-Es! Dejad que se unifique y funda. La libertad es fusión. No es cortar las cadenas. No es romper los lazos, sino amarlos y transmutarlos. Romper es separación. Es un esfuerzo. Transmutar es permitir la divinidad. Eso es la ascensión. *Es la indulgencia de la libertad absoluta a través de la unión con la limitación.* Amadla y admiradla por lo que representa para vosotros: una faceta diferente de la creación del Dios Yo Soy. Si no tuvierais límites y limitaciones, no tendríais las diferencias entre el agua, el aire y la tierra... y en verdad que son magníficas. La libertad —eso que es independencia— es dependencia de todos nuestros aspectos para crear el todo. No es separación. Cuando deseáis trascender y entrar en una vida ilimitada, ello no significa dejar atrás una vida inferior. Es fusionar las inferiores en la totalidad ilimitada.

La joya de la vida está encerrada en vuestro corazón. No veis la realidad que existe ante vosotros. Percibís la realidad como algo que está ahí afuera en alguna parte, mucho más allá de vuestra comprensión llamada vida en este plano. Pero *si apreciarais la vida, experimentaríais la realidad.*

¿Cuántos de vosotros, una vez concluida esta velada, capturaréis la luna en vuestro pecho? ¿Cuántos de vosotros saludasteis al sol esta mañana? Es real, ¿no? Es parte de vuestra realidad. ¿Cuántos de vosotros le dijisteis?: «¡Divino ser de luz, te saludo! ¡Resueno con gozo y júbilo, pues, en verdad, tú representas el reflejo de la realidad que soy yo y eres un maestro y un espejo y símbolo de la luz divina! Te saludo en la grandeza y magnificencia que eres y en el conocimiento de que yo también seré así». ¿Cuántos de vosotros lo hicisteis? También esta es vuestra realidad, ¿no? ¿Lo habéis pensado? Camináis a ciegas, tan deseosos de ser espirituales que no capturáis lo que os rodea para que realmente podáis partir a lo ilimitado. Se os compara con ratones en un laberinto, pero está bien, no hay crítica en ello. Solo os estoy dando una percepción que no habéis considerado antes, con el fin de que podáis ver la luz bajo un aspecto diferente. No hay un bueno y un malo. No hay un mejor o un peor. Solo SER.

Cuando sepáis esto y lo capturéis con la abundancia de vuestra experiencia, entonces conoceréis a Dios, y la gloria de Dios se exhibirá en vuestro interior. El segundo advenimiento de Cristo, o la superconciencia, no tendrá lugar hasta que abracéis la totalidad como algo divino, incluyendo la separación, la limitación, los vínculos y el sufrimiento, sean cuales creáis que son. No vendrá. No se os hará aparente hasta que conozcáis esto como divino, como la creación del Dios Yo Soy en una cierta manifestación.

Todos vosotros sois vuestros propios esclavistas. Lo hacéis mejor cuando es contra vosotros mismos. Entendéis la idea de la barrera y el límite como un artilugio de contención y no de liberación. Os libera para comprender y apreciar qué es. Por lo tanto, tenéis la libertad de volar a su alrededor una vez que sepáis qué es y dónde está, y de entender su soberanía. Cuando hayáis tenido una flecha en el trasero, conocéis su soberanía. Cuando hayáis chocado de frente con una montaña, entonces conocéis su soberanía. Eso es lo que experimenta un pájaro cuando primero desea exhibir su soberanía sobre las montañas. Después respeta, permite, aprecia, y luego vuela en libertad, jubiloso y no temeroso de volver a experimentarlo. El río de la vida es dorado si tan solo queréis ver el oro en su interior y no el barro y el cieno. No es cenagoso a menos que lo percibáis de esa manera, *y la percepción es una elección*. Vuestras barreras y límites son elecciones. Son opciones. Os centráis en una realidad determinada, y en ese momento es como si las demás realidades estuvieran a la espera, y eso es una elección. Colocáis límites en torno a una experiencia determinada, pero podéis elegir entender el río de oro fluyendo a través de vosotros, y no el barro, el cieno y la oscuridad.

Había una entidad llamada Jean Pierre Ramón que era científico. Publicó un artículo, una ilustración científica sobre el pensamiento divino limitado. El tema trató sobre la armonía del sonido de la vibración llamada música. Al ser un científico, ilustraba su quehacer mediante la enseñanza en aulas. Sin embargo, gracias a su artículo, se enamoró de la música, y se convirtió en compositor. Quedó extasiado con esa belleza, agitó su alma. Quedó tan embelesado hasta llegar a ocupar cada momento con el descubrimiento de la armonía. En una de sus clases surgió de modo natural y uno de sus estudiantes le preguntó: «Monsieur Ramón, ¿cómo es que usted compone? ¿Qué hace cuando crea semejante belleza, ese esplendor de tonos?». Y él respondió: «Dispongo de la máxima libertad para crear belleza cuando conozco mis limitaciones?».

¿Sabéis qué significa? ¿Lo entendéis? Cuando comprendéis qué es lo que deseáis crear, disponéis de elecciones. Tenéis opciones. Eso se llama estrechar las opciones. Al crear, elegís una nota específica, una octava en particular, un flujo determinado al que le permitís fluir a través de vosotros. Esta elección muchas veces es a nivel del alma. No es consciente, y canalizáis vuestra esencia del alma hacia el papel. Es lo que él hizo. Entendió la belleza y la magnificencia de los límites de las notas y la armonía contenida en ellas. A través de ese conocimiento y la apreciación y aceptación creó a Dios. Eso es el arte. Dios ejemplificado.

Vosotros también podéis crear hermosas sinfonías, cuartetos de cuerda, orquestaciones y coros celestiales de vuestra vida. Todos pueden ser vuestra vida si entendéis la belleza dentro de la limitación. Podéis disponer de la libertad para recorrer las octavas que deseéis, pues, al reconocer la limitación de una octava, eso os proporciona la comprensión de cómo crear más allá de esa limitación. Veréis, cuando comprendéis dónde están las montañas, tenéis la libertad de volar entre ellas. Sé que saldréis de aquí y os rascaréis la cabeza, y diréis: «¿Qué significaba todo eso?». Os sentiréis frustrados dentro de las limitaciones y los límites de vuestra vida, contemplaréis el espejo y diréis: «Hay mucha abundancia de células hermosas en esta encarnación, y ello me frustra». No abrazaréis esta limitación y, por tanto, continuaréis en separación, invalidando aquello que juzgáis. Está bien, pero deseo que sepáis qué es lo que hacéis.

Durante eones, vuestras almas han pedido ser desencadenadas de vuestra falta de entendimiento de la libertad. Han gritado, y por ello la esencia que soy yo ha llamado al Dios de Dioses, que me ha permitido la aparición de esta manera, para que pudiéramos venir a vosotros para ilustraros la libertad. «¡Soy libre!», deseáis deciros a vosotros mismos, pero, ¿qué significa eso? ¿Qué lleva en su interior? ¿Cómo podéis conocer la libertad si no os permitís las llaves de la libertad? Las llaves son el amor, la luz y la risa. Una gran trinidad. La trinidad de la divinidad. La risa es el vigor que os liberará cuando de lo contrario no sería así. En verdad que el humor es la yuxtaposición de las experiencias de vuestra vida, una junto a la otra, de modo que parece estar fuera de sincronía. ¿Sabéis qué es la sincronía? La sincronía siempre es aparente, aun cuando no es obvia. Va más allá de lo obvio hacia lo no obvio. Eso es la ascensión.

Deseo tanto que todos vosotros conozcáis la libertad. Aquí está. Tomadla si la queréis. Y si no es así, no hay juicio, pero no vayáis por la vida deseando algo que podéis crear si en verdad eso elegís. Deseo que seáis libres para volar, para salir a la dimensión ilimitada con aquello que soy yo. Lo deseo. Libertad, falta de límites, soberanía, admiración y respeto mutuos de un Dios a otro. Eso es libertad. La deseo tanto para todos vosotros. Quiero que os desprendáis del yugo de la crítica, del miedo y del odio.

Os amo, hermosos Dioses, a todos vosotros. ¡Todos luces del Universo! Salid con esta luz e iluminad vuestro sendero. Proyectad la llama de la libertad que hay en vuestro pecho y en la oscuridad sed la vela para otros. Permitidles experimentar admiración, respeto y aprecio por aquello que con anterioridad juzgaron como limitación y falta de libertad. Os amo y quiero que seáis libres, pero no puedo querer por vosotros lo que vosotros no queréis para vosotros. Por favor, recordad, la libertad es la unión con el todo, con todos los aspectos, con toda la vida. Eso es libertad. Entonces podréis deciros a vosotros y a la totalidad del Universo: «SOY LIBRE. SOY LIBRE». Recordad el amor. Eso es libertad.

Yo soy libre. Os diré adiós por ahora. Os amo.

Namaste.

Capítulo 8

La historia de St. Germain

La Presencia Yo Soy de St. Germain a través de Claire Heartsong

Nota: A beneficio del público aquí reunido, Allison Heartsong (espíritu afín de Claire) le plantea preguntas esclarecedoras a St. Germain.

SUCEDIÓ QUE VINE A LA TIERRA, como vosotros, pues había amado tanto esta joya en los cielos a la que llamáis Madre Tierra. Había amado esta joya de mi pecho y el proceso que llamáis ascensión y el gran designio del Radiante, la Fuente Padre/Madre, que concibió todo esto de lo que soy una parte con vosotros en su concepción. Habíamos estado observándola mucho tiempo. Habíamos estado abrazando a los pequeños, cobijándolos, acariciándolos y bajando para el contacto.

En verdad la ascensión está cerca de mi corazón. La evolución de este planeta, del sistema solar, de la galaxia y del universo, de todo lo que jamás ha sido concebido en el vacío del Dios Madre/Padre, lo amo con todo mi ser. Y lo mismo vosotros, ese es el motivo por el que estáis aquí. Y en el gran ciclo de vuestro tiempo a la conclusión de lo que se podría llamar otro Renacimiento, una vez más surge el deseo de la gran iluminación de la mente humana y del establecimiento de una mayor libertad.

Así que os invito a relajaros, a estar contentos y permitir vuestras dudas y escepticismo, pues también ellos son maravillosos y a su debido tiempo el cristal se despejará y conoceréis el YO.

Os animo a que traigáis cada parte de vosotros aquí, para que pueda tener una conversación más plena con mi YO. Vosotros sois mi YO y siento un profundo asombro y maravilla al contemplar vuestro espejo para saber con más detalle quién soy yo. Honro vuestra presencia, la belleza que hay ante mí. Sois las joyas de mi corona.

En aquel tiempo, hace mucho de ello en vuestras crónicas, cuando hubo un florecimiento de la humanidad por conocer su Divinidad, y que ya no deseaba estar controlada y esclavizada, vine una vez más para ser una chispa y me dediqué a grandes y maravillosos dramas en las cortes de Gran Bretaña y Europa.

Mi madre era la reina de Inglaterra[1], quien representaba la colonización de las naciones, que era parte de su recuerdo del alma de la «guerra de las galaxias». En verdad, amados míos, que eso fue así..! la reina Isabel I era grande y llameante, con un corazón inmenso y una gran mente, con visión y conocimiento. Ella concibió aquello que soy yo y me envió a otro origen, al hogar de los Bacon, donde me convertí en todo un jabalí[2].

A. H.: ¿Confirma que Francis Bacon[3] era hijo de la reina Isabel I, quien lo habría entregado a una de sus damas de compañía[4]?

Ciertamente.

¿Y así se convirtió en Francis Bacon?

Todo un camorrista, para nada aburrido. Aprendí los modos y los medios de impresionar a otros de la alta sociedad y a ser bastante ingenioso y hábil con las palabras. Pero, amados míos, en lo más hondo de mi alma estaba el conocimiento de quién era y del designio de mi llegada. Los milagros ocurrieron, apariciones y «encuentros próximos». Aunque aún era un joven, como Francis Bacon adquirí conciencia del

---

[1] Isabel I (1533-1603), hija de Enrique VIII.

[2] El jabalí era uno de los códigos de firma de Francis Bacon.

[3] Francis Bacon, filósofo del Renacimiento inglés (1561-1626).

[4] Una dama de alto rango, miembro de la casa real y dama de compañía de una reina o princesa.

conocimiento de los antiguos y de dónde había escondido algunos tesoros. Los encontré todos, lo cual me estimuló... Abrir la caja de mí mismo, la cápsula del tiempo, y adquirir la compleción de la ascensión en aquella vida.

Preparé y simulé la muerte (de Francis Bacon), algo que aún desconcierta a algunos, y proseguí mi obra por el escenario europeo con una gran visión de unión, de seguir los pasos de aquel que fue mi hijo, al que llamáis Jesús.

A. H.: *Según lo entiendo, ¿está diciendo que incluso durante su juventud como Francis Bacon cobró conciencia de la memoria del alma, incluyendo su vida como José?*

Así es, no solo memoria del alma, amada, sino aquello que había enterrado en variedad de lugares distintos, registros tangibles que había preparado para mí mismo para un momento futuro.

A. H.: *De modo que en el apogeo de su vida como Francis Bacon, ¿tuvo conciencia de que había experimentado esas vidas anteriores y de cuál era su misión, incluyendo los Estados Unidos de América?*

Ciertamente, sabía adónde iba el planeta, el cambio de la comprensión de Piscis a la de Acuario y a la Era de Dios.

A. H.: *Y usted preparaba los cimientos para ese cambio.*

Sí, ardía intensamente en mi interior. Estaba encendido con esa pasión, y lo mismo le sucedía a quien era mi compañera, cuyo nombre era Porcia.

A. H.: *¿Entiendo bien que lo que quiere decir es que al final de la vida de Francis Bacon tuvo lugar una ascensión o expansión al séptimo nivel que no involucró la muerte física y la reencarnación en un cuerpo, sino* la preparación de una muerte y un entierro falsos, de modo que usted pudiera continuar como la encarnación de Francis Bacon, ya ascendido como un maestro del séptimo nivel, y que se trasladó a Europa para proseguir como St. Germain?

Así es.

A. H.: ¿Aproximadamente cuánto tiempo pasó desde que preparó la muerte artificial de Francis Bacon y dejó Inglaterra para ir al continente antes de conocer a Porcia?

Nos conocíamos de antes.

A. H.: ¿Estaba ella en una encarnación física o en una etérica...?

En una encarnación. Sabíamos —ella mejor que yo— que el propósito de la ascensión era para la Unión.

A. H.: ¿Quiere decir que conoció a Porcia mientras llevaba la vida de Francis Bacon?

Sí. También ella ascendió entonces. Cambió su frecuencia a la gran comprensión de quién era, de modo que pudiéramos facilitar la del otro. Os he dicho antes cómo la identidad de quienes creemos ser puede ser muy tenaz. Eso mismo le sucedió a aquello que soy yo. Quedé muy asociado con ser un maestro ascendido y mi propósito.

A. H.: *También quedó asociado con la identidad de escribir la versión autorizada de la Biblia.*

Todo eso fue antes, amada. Sí, es verdad. Estaba asombrado con aquello que era yo.

A. H.: *¿Y Porcia sugirió que quizá hubiera más?*

Ciertamente. Ella era una especie de espina en mi costado, permitiéndome saber. Querida, no te quedes tan arrebatada con esta maravillosa...

A. H.: *¿... personificación del Siglo de las Luces?*

Esa es una buena forma de exponerlo. «... La iluminación de la mente humana de la que se olvida su mayor parte. Esto no es más que un paso hacia ello. Es solo una parte del viaje, así que sé humilde». Creí ser en verdad epítome de la humildad. Ella me dejó saber que no lo era.

A. H: *Usted dijo: «Soy la personificación del Siglo de las Luces». Ella dijo: «Hay más, puedes ser un maestro ascendido». Usted dijo: «Soy un maestro ascendido», y ella replicó: «Hay más, se llama la unión YO SOY».*

Así es. Pensé: ¿No vamos a trascender todo esto y a iluminarnos y mostrarle a la humanidad que lo que hizo Jesús también ella podía hacerlo? ¿Que los milagros que él obró, también vosotros podíais hacerlos? ¿Que la gran alquimia de la encarnación, incluso la producción de joyas perfectas, es lo que vosotros también podéis hacer, que podéis beber el elixir de la vida y quedar renovados? ¿No es suficiente eso? Claro, pensé. De modo que durante doscientos años recorrí las cortes de Europa, ejemplificando grandes milagros. Fui el hombre maravilla que jamás envejeció[5].

A.H.: *Para aquellos que no están familiarizados con esto, deseo mencionar que existen registros históricos de que St. Germain visitó*

---

[5] Voltaire (nombre verdadero François Marie Arouet, 1694-1778), autor y filósofo francés, informa haber conocido a St. Germain y conversado con él en varias ocasiones, y describe su aspecto como el de un hombre de cuarenta y cinco años. Cuando se encontró de nuevo con él cuarenta años después, expresa su asombro ante el aspecto idéntico de St. Germain, que aún aparenta cuarenta y cinco años de edad.

las cortes de Europa (Inglaterra, Francia, Alemania, Rusia, Austria, Italia) y la gente quedó asombrada de que después de cincuenta o cien años todavía aparentara la misma edad. Más o menos entre 1620 y 1820 llegó a ser conocido como el hombre milagro, el hombre que no moría.

Fue poco después cuando se realizó la ascensión y St. Germain fue asumido como una identidad, una de tantas que adopté, cuando Porcia tuvo —la palabra sobresaltaría la comprensión de la mente— en su útero la concepción de dar a luz a uno que estaba maduro y listo. Antes del momento del nacimiento, en algunas ocasiones, se mostró frustrada e irritada conmigo por no elegir las partes más grandes de la visión que ella compartía. Yo aún no era capaz de ver su visión de la unión YO SOY.

Ella vio que en el gran plan de las cosas yo no me permitía compartir el deseo y el conocimiento de su corazón. Y mirando en la creación de otro tiempo observó que su visión se realizaría en madurez. Tan grande era su amor que me permitió la realización de mi visión. No sintió ira ni frustración cuando disipó su encarnación durante el alumbramiento. Fue su amor, su capacidad para permitir y sostener el concepto inmaculado de otro nacimiento en otro tiempo, lo que la liberó de ese drama particular para traerla a otra encarnación, para cambiar lo trágico en mágico.

Así, durante doscientos años, fui vagabundo y gitano en vuestro plano y bastante milagrosamente aparecí sin polvo en mis ropajes, y algunos exclamaron: «Pero si ayer estabas en París y, ¡santo cielo!, aquí te encuentras en Bruselas sin mácula encima». De vez en cuando, aparecía de formas maravillosas para exhibir gran sabiduría y mi comprensión de la ascensión.

Hubo muchos que entraron en escuelas de misterio conmigo y se convirtieron en seres iluminados.

Y, sí, desempeñé una parte en la fundación de este país (Estados Unidos). Era mi intenso deseo crear una unión de conciencia sobre esta tierra, una comunidad global de seres iluminados en plena realización de su Fuente de poder, para no estar más esclavizados ni gobernados por un gobierno que los separaría. Me esforcé al máximo por unir a las naciones europeas en una sola Europa, pero fracasé. Hice lo que pude para inspirar a los padres fundadores de esta, vuestra América, para que fuera la tierra que recibiera a la paloma y al águila en una unión de fusión, para plantar las semillas que permitiera el nacimiento de una raza de seres, la raza YO SOY, América la Libre. Hay mucho amor en mi corazón para esto. Pero ¿sabéis, mis amados?, cuando vuestra Declaración de Independencia se firmó con un poco de persuasión del Tío Sam (que era yo) y vuestro gobierno constitucional empezó a alinearse y las facciones a disminuir, aún seguía muy insatisfecho y sentía hambre y sed. Me pregunté, después de todo lo que había hecho mi mano y la de aquellos que tenían la misma visión que yo, por qué había tanto vacío. Entonces empecé a recordar la invitación que me había llegado doscientos años atrás.

A. H.: Creo que le dio una hermosa demostración a este planeta sobre lo que un maestro ascendido puede y no puede conseguir en un esfuerzo total por iluminar a la humanidad.

La iluminación solo se puede alcanzar desde dentro. Elegí la parte mayor y me encendí para que el Brillo del Dios Yo Soy pudiera irradiarse y encender todos los corazones de la humanidad que yo no fui capaz de alcanzar antes como ejemplo individual. Así que decidí, por decirlo así, entrar por la puerta de atrás.

A. H.: ¿Pasar de un enfoque individual a uno universal?

Ciertamente. Pediría que, mientras estemos aquí, se permita una gran transmisión del flujo YO SOY, y en verdad que eso ha sucedido. Pero, si queréis Más, tal como yo llegué a querer Más con todas las células de mi ser, entonces os invito también a vosotros a empezar a preguntar. Y llegaré a vosotros como vuestra propia presencia YO SOY para agitar, acelerar, activar la unión dentro del sello de vuestro corazón.

Cuando el interior de cada átomo del centro de mis energías empezó a hincharse sobre vuestro plano, una intensificación más allá de toda comprensión (empezáis a percibirlo, pues este es el designio por el que estáis aquí, y con el tiempo el de toda la humanidad: sentir lo que yo empecé a sentir), me quité de los pies el calzado de fina piel adecuado para entrar en las salas de los tronos. Quité de mis hombros las capas de armiño y terciopelo. Ya era hora de que entrara en mi pasión a lomos del burro de la humildad. Era hora de que conociera al Dios Yo Soy. Era hora de liberar el gran designio que creí haber realizado: sentir honra, sin duda, pero dejar que se vaciara la copa.

Me dirigí a las ciudades interiores y mojé las manos en la sopa y comí de los platos de mis hermanos. Miré en los ojos de las prostitutas y fui a las prisiones del espíritu y del cuerpo, y empecé a entenderme de un modo que nunca antes había hecho. Comencé a ver el resplandor en todos los ojos, sin importar la tragedia, el drama y cómo creaban la ilusión de que eran víctimas.

A. H.: *Comenzó a sentir al Cristo en todos los corazones.*

Y en verdad que al Anticristo en mi ser, *la parte en mí* que se crucificó a sí misma, *la parte en mí* que se aferraba a la cruz, la parte en mí que entró en la tumba y que volvió a salir. Empecé a ver que todo lo que me rodeaba era Cristo, era Dios/Diosa. Empecé a contemplar el milagro en todo, en cada grano de arena que hollaba mi pie, en los lirios, en la rosa y la espina.

Me sentí humilde y abierto a las enseñanzas; abierto e infantil y fantástico, en mi vigor, y sentí mi capacidad de provocar sonrisas en las caras de aquellos que estaban abatidos, de ser el espejo. Permití que la cámara que era yo expandiera el foco permitiéndome primero ser muy pequeño. Luego seguí expandiendo sin parar mis lentes de percepción de quién creía ser para empezar a ver a través de las lentes de cada punto de vista de vosotros. Al fin empecé a tener una comprensión de lo que perseguía y que eso era el poder de la Fuente que me llenaba y me sustentaba. Esa capacitación fue lo que provocó éxtasis en cada célula de mí en vez del vacío que había conocido al alinearme en el ego alterado con el fin de alcanzar la fusión, la libertad definitiva de la unión habilitada.

A. H.: *Diría que estaba consumido por el anhelo del hogar.*

El anhelo de Casa, el anhelo del AUM, el anhelo del verdadero oro. Sí, yo había sido un alquimista, creí que lo sabía todo, pero entonces empecé a entender la verdadera alquimia del Dios/hombre. Cuando deposité todo mi ser sobre la faz de la Tierra en intensa súplica y anhelo y me liberé... En esa hora, en ese momento, fue concebida mi amada Porcia para encarnarse una vez más. Durante trece años caminé solo, mas no estaba solo, pues tenía el conocimiento de que había nacido una nueva estrella. Sabía que pasaba algo.

Trece años después, llevando las ropas de un trabajador, con la piel bronceada y los ojos azules «encendidos», entré en un viñedo maravilloso. Era el atardecer, todo centelleaba, y todos menos uno de los trabajadores se habían ido. Escuché el canto de una alondra y el trino de una golondrina que derritieron mi corazón. A través de las ramas verdes vi ante mí la imagen de una doncella. De perfil clásico, esbelta de brazos y piernas y con el cabello sedoso, quedé embelesado y asombrado. La reconocí. Acariciaba las vides y le cantaba una nana a cada una, y estas, con su intenso color rubí, refulgían como joyas en su mano. Tal ternura, tal conocimiento... tal inocencia.

Me hice ver y dije: «Ven aquí, joven doncella», y también pronuncié en voz alta pasajes que me asombraron incluso a mí. Temblaba. Una vibración que no es de este mundo comenzó a apoderarse de mí. Y ella, mientras yo le cantaba alabanzas, me dijo: «Soy tu espejo». Nunca antes había oído aquello. ¿No es un conocimiento grande para una niña de trece años? En verdad que ella era sabia, y sabía qué contemplaba y qué sentía, y en su inocencia estaba abierta a las enseñanzas.

Y así fue como cuando el sol empezó a emitir su brillo de intensa tonalidad violeta y las diademas comenzaron a titilar en los cielos, caminamos con las manos unidas y dejamos que un flujo, una presencia que se movería en nuestro interior, se llevara todo lo demás y acelerara cada átomo hacia el pleno conocimiento. Cada emoción, cada experiencia de toda la humanidad, de todos los mundos, de toda la creación entró en nosotros como una marejada y nos abrazamos. Nos convertimos en un conducto. Empezamos a entender el verdadero sentido de lo masculino-femenino, el flujo de energía electromagnética. La Madre Divina de todos nos abrazó y nos mantuvo en la copa de su corazón, de lo contrario, de tan intensa que era, no habríamos sido capaces de soportar la experiencia.

Por mi mente ni siquiera pasó la sombra de un pensamiento que pudiera llamarse de naturaleza sexual. Hubo una circulación intensa, una relación más allá de toda imaginación entre nosotros. Toda la memoria del alma de Todo-Lo-Que-Es penetró en nuestras conciencias y estas se fundieron en cada átomo. Cuando el sol salió, nos fundimos en la luz del Brillante. *Mi* amada es mi cuerpo. *Vosotros* sois mi cuerpo. *Este* es mi cuerpo [señalando el cuerpo del canal y tocando una rosa cercana], *este* es mi cuerpo [indicando al público y a todo lo que está dentro y fuera de la sala]. *Esto* es el Todo que los maravillosos maestros de todas las eras han enseñado, incluso aquello de pasadas encarnaciones. *Ese* es el hogar al que anhelamos retornar. Es una expansión más allá de la cual el Padre/Madre nacieron antes de que nosotros cobráramos forma. *Ese* Cuerpo es el Hogar, el Brillante, el Cristo que viene a nacer a través de vosotros, un nuevo Todo Que Es con el que ahora estáis fundiéndoos. Esta grandiosa luz[6] que se mueve cada vez más cerca por vuestro cielo en la ilusión del tiempo/espacio eleva vuestra frecuencia. La vibración que estáis sintiendo ahora se acerca más y más a la extensión AUM, a la Fuente, al Brillo Dorado del Dios Yo SOY de la que esta luz no es más que un reflejo.

Cada paso, la involución y la evolución, la implosión y la explosión, cada elección de creación está divinamente abrazada en este Radiante que Yo SOY. Vengo como testigo de esta ascensión, *la ascensión última para ser el Dios Yo SOY*. Por ello estáis sembrados de estrellas.

Dejad que esto sea la chispa del reconocimiento. Os amo... SOY vosotros. Sois el Radiante que Yo SOY. En este tiempo sois las manos y los pies que llevan la Presencia Yo SOY sobre esta Tierra. En vigorosa humildad apreciad *toda* la experiencia que os llegue, pues *es* vosotros. Permitid la Divina y Maternal energía que una vez disipó su foco para tener una plena encarnación en vosotros para que pudierais *ser* la Madre Divina. Solo de esta manera se puede liberar el guerrero de sus cadenas de ilusión que le hacen creer que hay dos en vez de Uno y que esos dos están en guerra entre sí.

---

[6] La referencia alude al cinturón de fotones.

Os traigo nuevas del Dios Yo SOY, del Cristo en vuestro interior, del que Todo lo Sabe en vosotros. Antes de que nos marchemos pediré que tengáis uno o dos momentos de silencio en los que podáis regocijaros y en los que este Uno pueda entrar si así lo elegís, para sentir, hacer a un lado todo y permitir una expansión. Estáis haciendo a un lado vuestros velos y entrando en una nueva vida. Hasta que volvamos a encontrarnos, sabed que la ascensión es vuestro destino y que lo realizáis en cada momento.

Namaste, mis amados.

Capítulo 9

La historia de Porcia

La Presencia Yo Soy de Porcia (El Alma Gemela de St. Germain) a través de Claire Heartsong

AL sentir vuestros corazones y vuestros anhelos en esta hora de comunión, entiendo más plenamente quién es quien os abraza para siempre, os acuna y os seca las lágrimas. Vengo para soplar en vosotros el silencio, en la ternura de este momento, en la forma de una historia; no debéis aferraros a ella, ni dejar que se vuelva dogma, ni percibirme como especial, ni considerar que fue algo que sucedió hace mucho y ya no tiene relevancia, pero al escuchar las vibraciones que hay más allá de las palabras, deseo acariciaros a través de lo que salga de mis labios para alimentaros y cuidaros con el fin de que podáis recordar cómo solía ser en aquello que anheláis y para ayudaros a saber que siempre está aquí. Está dentro de vosotros... está fuera de vosotros. Cada vez entráis más en este abrazo y deseo asistiros con esta historia, para que no tengáis tanto miedo de perderos en él. Ciertamente seréis más de lo que realmente sois, pues me verteré en vosotros. Así que os invito, mis queridos corazones, y os acunaré en estos momentos en que estemos juntos.

Hace mucho, en lo que vosotros llamáis tiempo, unos cuatrocientos años atrás, la historia sucede en la jubilosa tierra de Angles/Angels[1].

De los reinos etéricos miré a través de las dimensiones hacia lo que es la Tierra, durante una época de gran despertar, una época en que la

---
[1] Inglaterra.

Tierra que con anterioridad había estado muy dormida y a oscuras empezaba a despertar a un grandioso amanecer.

Los que con anterioridad habían plantado semillas para ese momento volvían a encarnarse para poner en marcha un movimiento y un flujo que afectaría todo el curso de eventos de la historia durante los siglos futuros. Establecería el camino para una nueva raza, una raza Yo SOY.

Al bajar la vista desde mi lugar más allá de esta dimensión contemplé un magnífico grupo de seres que me precedió y a uno que era como yo, en encarnación masculina. Lo observé y lo cuidé en el lecho de parto cuando nació en gran secreto y ocultación. Hubo susurros apagados y luces tenues cuando el llanto salió de los labios resecos de la madre con su llameante pelo rojo. Mi corazón lloró por ella y por el pequeño que había nacido. La joven doncella, que era una dama de compañía, se llevó al bebé antes de que hubiera mamado una vez del pecho de la madre. Se lo llevó a una cabaña relativamente modesta en comparación con la sala en la que había nacido. Ella había dado a luz, y los pechos le dolían con la leche que alimentó al niño.

Pasaron los años y yo seguí mirando, añorando jugar con el pequeño. Él me vio con su visión interior y deseó arrastrarme hacia su experiencia, pero le dije que aún no era la hora. Otros, como yo en el éter, participaron y de vez en cuando se manifestaron y le enseñaron al pequeño, haciendo que se abriera más allá de sus años o de la capacidad de aquellos que le rodeaban y que en verdad eran seres grandes. El joven tenía una tarea que cumplir y el concilio acordó que un gran foco pasaría por él para ser encarnado y ejemplificado, que encendería toda la corte de Inglaterra con un pensamiento nuevo, una capacidad nueva de percibir la vida.

Era un muchacho cuando emprendió una serie de grandes peregrinaciones. Siguió los pasos de una encarnación anterior que había conocido como Merlín[2]... uno de los Merlín. En la corte estaba con él uno que antes había caminado en su compañía con el nombre de Arturo[3]. También

---

[2] Mago y vidente, ayudante del rey Arturo.

[3] La referencia es a Arturo, rey de Gran Bretaña y héroe de la Tabla Redonda, que se supone que vivió en el siglo vi d. C.

había otros que volvieron a encarnarse en la gran Tabla Redonda[4] de conciencia que bajaría los cielos a la Tierra y elevaría a la humanidad que tanto tiempo había estado dormida desde la época del Grande que selló su vida en la tumba y luego volvió a levantarse.

Los años pasaron, y la grandeza que era Inglaterra atrapó las mentes y el espíritu aventurero de una raza que despertaba. Los barcos izaron sus velas y conquistaron tierras lejanas y se celebraban matrimonios para vincular a las cortes de muchas naciones y empezar una unión que era muy sentida para el que yo amaba.

Él, con unos pocos más que poseían conocimiento o recuerdo de los papeles que habían desempeñado en eras pasadas en la Tierra, se ocultó en los laboratorios. En esos lugares secretos había cientos y cientos de libros. Y frascos que contenían elementos, hierbas y metales de muchos tipos. Durante horas y días se encerrarían allí y estudiarían las antiguas tablillas que habían sobrevivido y que durante edades había guardado una Hermandad, pues ya era hora de producir una gran alquimia; no solo producir oro a lucir en el cuerpo y para decorar las mesas y los altos rangos de las cortes, sino provocar el entendimiento del oro dentro del alma humana, para transfigurar y transmutar el cuerpo, producir el elixir de la vida eterna y la enseñanza y percepción que saldrían a la tierra y se ejemplificarían en todos los que tuvieran oídos para oír y conseguir eso para liberarse.

Él y algunos más que tenían acceso a muchos, muchos libros y registros de eras pasadas emprendieron peregrinaciones. Fueron a lo que había llegado a ser conocido como Alejandría y a otros emplazamientos de templos en Egipto, Tierra Santa, Asia Menor, Grecia, Italia, Alemania, Austria y Suiza, donde los Habsburgo habían escondido en sus cortes algunos de estos registros. Eran vagabundos juramentados en una hermandad por órdenes que honraban y perpetuaban.

Cuando este [St. Germain] empezó a saber que ya era momento de decir adiós (había creado un maravilloso drama isabelino y se había introducido grandiosamente en la intriga y, digámoslo de esta manera, tenía a la justicia casi siempre al cuello), deseó retirarse y participar con la humanidad de un modo más silencioso y volver de

---

[4] La gran mesa circular a la que solían sentarse el rey Arturo y sus caballeros; el nombre pasó luego a designar a una orden de caballeros instituida por el monarca.

una forma más habilitada con un gran plan que comenzaba a crecer en su corazón.

Y cuando él empezó a retirarse hice acto de presencia yo. No incidiré demasiado en la historia de nuestro encuentro particular —fue glorioso—, y nos reunimos. Los dos adquirimos el conocimiento de lo que se llama el aliento de la vida y nos elevamos en lo que se conoce como ascensión. Preparamos una liberación maravillosa de nuestras encarnaciones, y para algunos eso fue un alivio, mas otros tuvieron el conocimiento de que todo iba bien, conocían el plan.

Quizá en otra ocasión, él —mi pareja, mi amado St. Germain— pueda compartir con vosotros la historia completa desde su perspectiva, como en verdad ya lo ha hecho. En cuanto a mí, se produjo una comprensión creciente jamás olvidada. Tuve un encuentro en el éter con mi amado hermano Jesús, mi amada hermana María Magdalena, mi hermana y madre Isis y mi hermano y padre Osiris, y otros seres que sabían que los ciclos de la Tierra llegaban a su consumación con el nacimiento de la era de Acuario. Sabía que tenía un papel que jugar en ello, de modo que elegí retrasar mi llegada hasta la hora apropiada y luego tuvo lugar el descenso en una encarnación aquí.

Junto con mi amado entré en una gran aventura, una aventura llamada unión con el Todo-Lo-Que-Es. Para ayudar en dicha unión había una entidad que deseaba venir para participar en la trinidad y asistirnos en un instante en el abrazo de todo el flujo de energía que jamás ha habido y nunca habrá. Esa entidad entró en mi vientre y todo estuvo preparado. Se hizo cada vez más aparente que mi amado, a la vez que también él deseaba la Unión, todavía no estaba listo para aquello por lo que yo había venido. Por consiguiente, el bebé y yo, al nacer, nos marchamos para concederle a mi amado una oportunidad de madurar y hacer lo que era su sueño, que era crear la unión de las naciones y los pueblos y una conciencia elevada. Su sueño era una liberación de las mentes que permanecieron oscurecidas durante mucho tiempo, ayudarles a saber quiénes eran, a seguir los pasos de Jesús y mostrarles que todo lo que hiciera él, también ellos lo podían realizar.

Así que él siguió su camino. Durante doscientos años recorrió las tierras de Europa. Como maestro ascendido no se veía limitado a ese campo. En aquel tiempo sembró semillas que ahora empiezan a germinar y a dar sus frutos en todo este planeta. Se hizo claro que todos los esfuerzos que realizaba se veían frustrados, aun cuando tuvo lugar una evolución e iluminación maravillosas. Mi hambre y conocimiento poco a poco se convirtieron en su hambre y en su intenso anhelo de fructificar.

Después de la siembra de los Estados Unidos y de su independencia de la madre patria, mi amado empezó a sentirse atribulado..., sí, ello es posible para un maestro ascendido. Comenzó a experimentar la agonía por la enfermedad que campaba por la Tierra, la separación, las luchas las enfermedades y la discapacitación. Cuando su alma se hallaba sumida en una noche oscura, aparecí ante él. Desde luego ya habíamos mantenido contacto con anterioridad, pero el mayor deseo de nuestro corazón solo se podía alcanzar estando ambos en encarnación física.

Así que aparecí ante él y establecimos un pacto. En aquel instante mis energías disminuyeron y fui concebida. Elegí nacer como lo hace toda la humanidad, para ser humilde, ser una niña y abrazar en mi corazón a toda la humanidad, para no ser diferente de vosotros, mis hermanos y hermanas. Retuve suficiente conocimiento y a mi alrededor tuve ángeles y seres que me ayudaron a recordar quién soy y por qué había vuelto de nuevo al plano de la Tierra.

Un día grandioso, justo pasado mi duodécimo cumpleaños, me encontraba en el viñedo de mi padre. En esa estación ya se había posado un poco de escarcha y las hojas de la vid empezaban a tornarse ocres. Las uvas estaban plenas, fragantes y a rebosar de su jugo de color rubí. El sol se ponía, los trabajadores habían regresado a sus hogares y yo demoré mi retorno al mío. El trinar de los pájaros era dulce y me invitaba a cantar mientras caminaba por el centro del viñedo, acunaba las uvas en las manos y probaba su dulzor. La gloria de la puesta de sol fue magnífica aquella noche y la estrella vespertina era un diamante próximo que podía tocar y guardar en mi corazón.

En ese instante, al alargar la mano hacia la estrella, por casualidad miré al otro lado del camino y contemplé la silueta de un hombre. Me di cuenta de que llevaba allí algún tiempo y comprendí que no era uno de los trabajadores, sino que en verdad reconocí que se trataba de mi amado. Se adelantó y exaltó mis virtudes. Le dije: «Mi querido hermano, soy tu espejo». Con las manos unidas caminamos aquella noche y fundimos las energías de todo el tiempo y todo el espacio.

No se aprovechó de mi virginidad, pues eso ni siquiera pasó por nuestros pensamientos, pero aquella noche nos fundimos el uno en el otro. Cuando el sol empezó a salir, nos vimos elevados por los brazos del Padre/Madre, nuestra Fuente, y nos mezclamos en el Sol/Hijo de nuestro ser. Nacimos de nuevo en la Unión eterna. Nacimos de nuevo en cada átomo, en cada dimensión, en cada pensamiento y sentimiento que es el Dios Yo SOY.

Comparto con vosotros esta historia, para que también vosotros podáis ser Espejo de vuestros hermanos y hermanas, y ser como la Rosa en el jardín de Dios. Honraos a vosotros mismos, amaos, entregaos a la majestad, a la frecuencia eterna que Yo SOY. Os amo. SOY vosotros.

Namaste.

Otros títulos de la colección:

El Oráculo de los Maestros Ascendidos
La energía de los maestros en un oráculo espiritual de sabiduría

Ulrike Hinrichs * Petra Shneider

* * *

La presencia de los Maestros

Jeanne Ruland
(Ilustraciones de Iris Merlino)

* * *

La fuerza divina de los Ángeles

Jeanne Ruland
(Ilustraciones de Iris Merlino)
Cartas de innovación, rituales y oraciones para activar la energía angélica